借水花开自一奇

大弯小学以美育人的实践与探索

成都市青白江区大弯小学◎主编

中国出版集团　现代出版社

图书在版编目（CIP）数据

借水花开自一奇：大弯小学以美育人的实践与探索／
成都市青白江区大弯小学主编. -- 北京：现代出版社，
2024.11. -- ISBN 978-7-5231-1119-2

Ⅰ. G623.702

中国国家版本馆CIP数据核字第202445PD38号

借水花开自一奇：大弯小学以美育人的实践与探索
JIESHUIHUAKAI ZIYIQI : DAWAN XIAOXUE YIMEIYUREN DE SHIJIAN YU TANSUO

主　　编　　成都市青白江区大弯小学

责任编辑　　毕椿岚
责任印制　　贾子珍
出版发行　　现代出版社
地　　址　　北京市安定门外安华里504号
邮政编码　　100011
电　　话　　（010）64267325
传　　真　　（010）64245264
网　　址　　www.1980xd.com
印　　刷　　成都现代印务有限公司
开　　本　　787mm × 1092mm　1/16
印　　张　　15.75
字　　数　　320千字
版　　次　　2025年1月第1版　2025年1月第1次印刷
书　　号　　ISBN 978-7-5231-1119-2
定　　价　　68.00元

编委会

· 序 ·

我们常思索，教育的真谛究竟是什么？当我们回首这所学校"以美育人"的历程时，答案宛如画卷在眼前徐徐展开，而这本书，铭刻着大弯小学在美育之路上的每一个坚实脚印。

本书以生动之笔触展开叙述，淋漓尽致地展现了学校与美育文化从相遇时的怦然心动，到相知时的深入理解，再到相伴时的形影不离，直至相守时的坚定不移这一完整历程，并对未来美育发展投以满怀憧憬的展望。书中不但精心梳理了学校美育教育的理论架构，使其条理清晰地呈现于读者眼前，还浓墨重彩地描绘了美育课程实践的绚丽多姿。它是对大弯小学美育教育成果的展示，也是对美育教育理念与实践的深入探讨，希望能够启发和引领更多的教育工作者和学生走向美的人生之路。

大弯小学踏上美育之路，彼时，或许我们并未完全预见这一路的风景，但怀揣着对教育的初心，我们勇敢地迈出了第一步。在探索的征程中，我们深知，美育绝非简单的艺术教育，而是关乎灵魂塑造、素养提升的伟大工程。于是，我们精心构建美育教育的理论架构，如同搭建一座宏伟建筑的基石，为后续的实践筑牢根基。这一架构，是我们在无数次的研讨、实践、反思中凝练而成，它蕴含着我们对美的深刻理解，对教育本质的洞察。这个体系如同灯塔，在美育实践的茫茫大海中为我们指引方向，它不仅是我们实践的依据，更是我们对教育本质深度思考的结晶。

而美育课程实践，则是这一架构中最丰富多彩的部分。大弯小学的校园里，处处弥漫着美的气息。美术课上，孩子们的眼睛里闪烁着对色彩的热爱，他们手中的画笔仿佛拥有神奇的魔力，在画布上勾勒出一个个充满幻想的世界。从简单的线条到细腻的笔触，每一幅作品都是他们内心对美的独特表达。音乐课则像是一座艺术的殿堂，孩子们在音符的海洋里畅游。钢琴、二胡、古筝等乐器的声音交织在一起，奏响了一曲曲动人的乐章，让孩子们在旋律中感受音乐之美所带来的心灵震撼。舞蹈教室里，孩子们轻盈的身姿如同翩翩起舞的蝴蝶，他们用肢体语言诠释着对美的理解，每一个动作都蕴含着情感与力量。戏剧课程更是为孩子们打开了一扇通往多元世界的大门，他们在角色扮演中体验不同的人生，领悟人性之美和艺术表达之美。这些课程相互辉映，构成了一个完整而丰富的美育课程体系，如同璀璨的星空，照亮了孩子们的成长之路。

　　学科课堂中的美育成果，是我们大弯小学美育实践的又一亮点。在语文课堂上，教师带领孩子们领略诗词之美，从"大漠孤烟直，长河落日圆"的雄浑壮阔，到"采菊东篱下，悠然见南山"的悠然自得，每一句诗词都是一幅精美的画卷，让孩子们在文学的海洋中感受语言的魅力和中华文化的博大精深。数学课堂也充满了美，几何图形的对称之美、数学公式的简洁之美，激发着孩子们对理性之美的探索欲望。科学课上，大自然的奥秘如同美丽的画卷在孩子们眼前展开，从微观世界的奇妙结构到宏观宇宙的浩瀚星空，孩子们在探索中发现自然之美，培养对科学的热爱。每一个学科都成为美育的载体，我们让美贯穿于教育的方方面面。

　　在这美育征程中，我们遇到过无数的困难和挑战。但我们从未退缩，因为我们深知美育对于孩子们的重要性。每一位参与其中的教育工作者，都是这场美育盛宴的积极推动者。他们怀着对教育事业的热爱和对美的追求，默默奉献，精心雕琢每一个教育细节。他们用自己的专业知识和教育智慧，点燃了孩子们心中的美育之火。他们是美的使者，在大弯小学这片教育的花园里辛勤耕耘，让美育之花绽放得更加绚烂。

如今，站在新的历史起点上，展望未来的美育发展，我们满怀信心与期待。我们将这些实践与探索汇聚成册，不仅是为了展示大弯小学的美育成果，更是希望能够为更多的教育工作者和学生提供借鉴与启示。我们希望这本书，能成为一座桥梁，连接起过去与未来，连接起大弯小学与更广阔的教育世界。我们期待更多的教育工作者能从这里获得启发，带着美的种子，播撒在更多孩子的心田；我们也期待更多的学生能从这里找到通往美的人生之路的方向，在美的滋养下茁壮成长。

　　最后，我们编委会全体成员要向所有为大弯小学美育事业付出心血的人表示衷心的感谢。感谢各级领导一直以来对我们的关心和支持，是你们为我们创造了良好的发展环境；感谢每一位教师的辛勤付出，你们是美育之路上的中流砥柱；感谢家长们的信任与配合，是你们的支持让我们的美育工作得以顺利开展。让我们共同走进这本书，走进大弯小学的美育世界，共同探索"以美育人"的奇妙之旅，为更多孩子的美好未来奠定坚实的美育基础，感受大弯小学美育的独特魅力，共同开启美的新篇章！

· 目 录 ·

CONTENTS

▟ 一、相遇·曾是惊鸿照影来 > > >

（一）栀子花开　相遇很美 ·· 2
（二）绿影倩舞　心随韵动 ·· 7

▟ 二、相知·为伊消得人憔悴 > > >

（一）朝阳喷彩　我们启航 ·· 18
（二）劈波斩浪　成功上岸 ·· 22

▟ 三、相伴·吾将上下而求索 > > >

（一）课程教学的理论支撑：视点结构教学技术 ················· 34
（二）美育教育的学校精神文化建设 ························· 42
（三）学科融合，五彩缤纷 ································· 62

·目 录·
CONTENTS

■ 四、相守·借水开花自一奇 >>>

（一）"语"绘诗意，"文"润童心 …………………………… 80

（二）"数"往未来，"学"问思辨 …………………………… 111

（三）艺韵交融，美育润心 …………………………… 138

■ 五、相望·前程世界更应宽 >>>

（一）至真之道，心灵之旅 …………………………… 192

（二）淬"四真"星火 燎"至真"之原 …………………………… 196

（三）至美之道 心之所向 …………………………… 200

（四）返璞归真寻大美 …………………………… 206

（五）在坚守中探索，在继承中开创 …………………………… 210

（六）以美育人，做更美的自己 …………………………… 215

（七）绽放的花 …………………………… 217

（八）向美而生 致美而行 …………………………… 219

■ 后记：心无界 行无疆 >>>

…………………………… 225

一、相遇·曾是惊鸿照影来

相遇，是一场美丽的意外，是命运的安排，更是心灵的契合。恰似那惊鸿照影而来，带来了希望、梦想与无尽的可能。

在教育的旅途中，我们相遇，共同为实现"美育"的理想而努力。"审美育人、一以贯之，育人以美、美在创新"的办学思想，如同明灯，照亮了我们前行的道路。

在教学的领域，我们相聚，共同探讨"美育"之梦。在教学的过程中，我们不断创新，以美育人，为学生创造更多发现美、感受美的机会，让每一个学生都能在美的熏陶中茁壮成长。

（一）栀子花开　相遇很美

——与赵伶俐教授共话美育之梦

> 没有美的教育，就不可能有完整的教育。……我认为很重要的一条，就是教会孩子去观察美，同时去思考美和人的高尚品格。
>
> ——苏霍姆林斯基：《怎样培养真正的人》

1993年，初夏的山城，阳光透过稀疏的云层，洒在西南师范学院的校园里，带来了一丝丝温暖的气息。漫步其中，高大的银杏树摇曳着满树苍翠，如诗如画。沿着绿意盎然的小径前行，偶尔一阵微风拂过，带来了一缕淡淡的清香，宛如初夏的低语。抬头望去，绿化带里，那若隐若现的白色花朵，正是栀子花在轻轻绽放。

那洁白晶莹的花瓣，宛如雪山的精灵，光洁柔嫩，与周围碧绿的叶片形成鲜明的对比，仿佛是大自然最精巧的雕琢。花香沁人心脾，清新脱俗，让人仿佛置身于一个童话世界。成都市青白江区大弯小学原校长陈思蓉（大弯小学成为独立法人单位以来的第一任校长）和肖以勤副校长正步伐轻盈地走在这如画的校园中。

"这次我们来，一定要好好向赵教授请教，打开我们的思路。"陈校长语重心长地说。肖副校长则信心满满地补充道："是啊，赵教授是全国知名的美育专家，一定可以为我们指明一条通向美育特色文化建设的光明大道。"

两位校长怀揣着期待，边走边聊，临近赵伶俐教授的办公室时步履也变得更加匆匆。他们心中充满了对赵教授的敬仰与信任，十分期盼她能为学校的美育特色文化建设指明方向。

见到陈校长和肖副校长，赵教授立刻放下手中的工作，热情地起身迎接。她的笑容如同春天的阳光，温暖而明媚，让人感受到无尽的热情与关怀。她热情地招呼两位校长坐下，一场关于美育特色文化建设的讨论就此展开。

1. 初识美育

肖副校长诚恳地开口道："赵教授，来一趟不容易，您工作也忙，我们就直入主题吧。"赵教授微笑着点头表示同意。陈校长接着问道："赵教授，目前我校想把美育作为学校办学的特色，首先需要明确哪几个基本概念呢？"赵教授思索片刻后回答道："首先，我们要明确美、美育、视点结构教学和审美化视点结构教学这几个基本概念。"

陈校长听后，非常惊喜地说："赵教授，这些概念对我们来说都太新颖了！您能展开来说说吗？"赵教授微笑着点头，开始详细地为他们解释这些概念，她的声音清晰而坚定，仿佛为两位校长打开一扇通往美育特色文化建设的大门。

"美育，这是一个引人入胜的话题！"赵教授轻轻扶了扶眼镜，眼中闪烁着热情的光芒。

"美育，它是一种有目的、有计划、有组织的教育活动，借助各种美的事物，精心培育学生的审美欣赏、审美表现和审美创造能力。同时，它像一座桥梁，连接着学生的德、智、体、美、劳等各方面的素质，促进他们全面发展。"赵教授接着解释。

顿了一顿，赵教授微笑着说："简而言之，美育，就是和谐塑造人的教育。"

这时，陈校长和肖校长犹如蜜蜂被奇异的花香所吸引，没有说话，只是在笔记本上飞快地记录着。

赵教授继续说道："那么，如何将美育融入我们的教学中呢？这就是审美化教学，它让每一个教学元素——内容、方法、手段、评价、环境等，都转化为审美对象。它让教学成为一个内外和谐统一的整体，既有内在的逻辑美，又有外在的形式美。这种教学，不仅提高了教学效率，还减轻了学生的学习负担，让师生在愉悦中共同成长。"

"审美化教学的魅力，就在于它的内在逻辑和外在形式的完美统一。这也是'审美化教学'这一概念新颖、独特的地方。"随着讲解的深入，赵教授的眼中也开始泛起一种兴奋而陶醉的光芒。

陈校长好奇地问："赵教授，那么如何在审美化教学中体现内在逻辑美呢？"

赵教授站起身，沉思片刻后满怀激情地说："这就涉及我们的审美化视点结构教学。它与我们传统的教学设计有所不同。首先，我们要明确教学目标，包括学科目标和同时目标。同时目标，主要是美育、德育、体育、劳动教育目标。其次，我们要精选教学内容，明确知识点、定义和关键词，还要挖掘相关知识和技能，甚至在教学设计达到一定水平时，我们可以确定审美点或审美词。"

她稍作停顿，继续说道："最后，是教学材料的准备，我们要选择典型材料、延伸材料、检测材料和教具等。这些都是审美化教学的重要组成部分。"

2. 初探审美化视点结构教学

听了赵教授如数家珍般的讲述，两位校长都被带入了一片崭新的教育视角，但深知仅仅了解一些学校美育教育的概念是万万不行的。期待着更加深入的探究，只有这样学校美育才能起步。

此时，肖副校长眼中闪烁着求知的渴望，接着请教地问："赵教授，您这审美化视点结构教学，和我们平时的教学方式究竟有何不同呢？"

赵教授笑了笑，开始娓娓道来。

"教学过程其实犹如一部精心编排的乐章，共分为六个华美的部分。首先，是引人入胜的序曲——知识点导入，旨在激发学生的求知欲，让新旧知识在思维的舞台上翩翩起舞。其次，是知识的高潮——知识揭示，它犹如明亮的灯塔，照亮学生通向智慧的道路。再次，是知识点的强化，它不断地加固学生的知识基础，使其更加坚实。又次，乐章延伸到了学科内外，实现了知识的交融与升华。复次，是知识点的检测，它像是一场知识的角逐，检验学生是否真正掌握了所学内容。最后，乐章以知识点的回归作为完美的收尾，对本堂课做了一个精彩的总结……"

赵教授的阐述如行云流水，条理清晰，对于学校即将开始的美育实践来说，无疑就是一份宝贵的导航图。

肖校长听后，双眼闪烁着认同的光芒："赵教授，您所说的审美化视点结构教学的模式，与我们大弯小学的教学理念不谋而合。我们非常期待您能给予我们更多的指导。"

赵教授微笑着回应："指导当然没问题，但要真正落实并看到成效，还需要一个过程。首先，你们自己就要坚定信心，所谓不破不立，不改不兴啊！"

肖校长信心满满地点头："您说得太对了！在大弯小学，我们始终坚信，只要团结一心、努力奋进，就没有克服不了的困难。相信在您的引领下，我们定能将大弯小学的美育特色文化建设推向新的高度！"

这时，赵教授提议道："两位校长，要不我们去操场走走？坐了这么久，也该活动活动筋骨了。"

3. 畅想学校美育教育未来前景

周末的操场宁静而祥和，大樟树在夏风中摇曳生姿，两位校长在赵教授的陪同下信步于学校的操场，心情顿觉轻松。赵教授环顾四周，突然问道："你们的操场围墙有没有什么特别的用途呢？"

肖副校长思索片刻后回答："目前来说，围墙主要还是起到安全防护的作用。不过，我们也正在思考如何让它更具教育意义。"

赵教授眼中闪过一丝灵光："或许可以考虑让各班家长和孩子们根据各班的特色自行设计，然后在美术教师的指导下完成一面墙的绘制。这样既能锻炼孩子们的创造力，又能让围墙成为校园的一道亮丽风景线。"

陈校长听后大为赞赏："这个主意真不错！这样的话，我们的美育教育就有了直观的感受，太好啦！我们可以好好商议一下如何实施！"

随后，三人边走边聊，围绕着美育特色文化建设具体方案谈了很多。

赵教授建议可以从校园环境和细节入手，比如利用操场围墙进行创意设计；上好核心美育课和其他学科的美育融合课；重视德育课的教学，选择美德主题进行视点辐射；开展美育课题研究等工作……

肖副校长感激地说："太感谢您了！赵教授，听了您的指点后我们感觉豁然开朗！虽然前行的路上会有困难和阻力，但我们大弯小学一直有着团结一心、努力奋进的优秀传统，所以我们才能从一所村小一步一步发展起来……"

在赵教授的指导下，陈校长和肖副校长仿佛打开了一扇通往美育新世界的大门。他们感叹于赵教授对美育的深刻理解和独到见解，同时也对自己的美育特色文化建设充满了信心。

不知不觉间，太阳已经渐渐落下去了，一抹晚霞挂在天边，映照着栀子花更加洁白晶莹。陈校长和肖副校长起身告别赵教授，他们的脸上洋溢着满满的收获和喜悦。而赵教授则站在办公室门口，目送着他们离去的背影，脸上露出了满意的笑容。

夜幕降临，栀子花的香气依然弥漫在校园的每一个角落，仿佛在为这场美好的邂逅画上圆满的句号。而赵教授的话语和陈校长、肖副校长的决心，则在这个初夏的夜晚，化为一股强大的力量，推动着大弯小学向着美育特色文化建设的道路坚定前行。

（二）绿影倩舞　心随韵动

> 　　美育者一面使人之感情发达，以达完美之域；一面又为德育与智育之手段，此又教育者所不可不留意也。
>
> ——王国维：《论教育之宗旨》

　　在人生的旅途中，我们前进的步伐和取得的成就，往往受到身边人的影响。就像那独行的旅人，他能走多远，往往取决于他选择的伴侣；他能变得多优秀，则取决于他所受的指点；而他能获得的成功，更是离不开与他同行的伙伴。这种现象不仅适用于个人，也同样适用于群体和机构。大弯小学的美育探索之旅更是如此，一步一步生动地走来，离不开一个又一个的智者引领。前有重庆西南师范学院（现西南大学）的赵伶俐教授的开悟，后有查有梁教授等的细心指导。

1.学校美育理念的启蒙者和引领者：查有梁教授

　　美，是一种看不见的竞争力，一种能够塑造青少年人格、引领学生走向精神巅峰的力量。作为学校美育理念启蒙时期的引领者之一，查有梁教授（全国教育科学规划领导小组教育科研组成员，原四川省社科院人才研究所所长）的到来为学校的美育之路指明了方向，他的智慧与洞见更加坚定了大弯小学美育教育的信念。

　　1995年，查教授首次莅临大弯小学。他指导学校完成中央教科所"中国儿童大美育实验与研究"课题暨结题评审会的场景，至今仍历历在目。

在那个阳光明媚的下午，查教授作为特邀嘉宾，走进了大弯小学的校园。在陈思蓉校长的陪同下，查教授参观了学校五年级的学生作品展，美术组老师详细介绍了学生作品，他对此给予了高度评价，并针对学校美育艺术实践工作的开展情况，提出了宝贵的意见和建议。从欣赏、操作、文化溯源、学生实践等方面进行了详尽的指导，进一步提升了大家对美育教育的理解。

课题指导工作结束后，查教授对学校美育教育的初期尝试感到非常高兴，面带微笑地用八个字高度评价了大弯小学的美育工作：审美育人、一以贯之。

从那时开始，"审美育人、一以贯之"这八个字，便如同金色的种子，深深地埋进了大弯小学美育的土壤中，因此学校才有了实施美育教育的第一份教育理念。如今，这八个烫金装裱的大字，仍熠熠生辉地悬挂在学校主会议室墙上，它将永远照亮大弯小学的美育之路。

图1-1　初步形成"审美育人　一以贯之"美育理念

2. 育人以美　美在创新

1997年5月，查有梁教授再次来到大弯小学。这是第二次邀请到查教授来学校指导美育课题研究并参加开题会，课题属国家教委"九五"重点科研课题《电化教育促进中小学由"应试教育"转向素质教育实验研究》的子课题，子课题名称为《应用电化教育提高小学教师审美素质研究》。

课题开题会结束后不久，查教授结合他两年前来到大弯小学的感受，又欣然为学校题写了八个大字：育人以美，美在创新。并亲笔书信寄来学校，为学校美育教育提出了鞭策和鼓励。

2000年，大弯小学迎来了美育实验周年的重要时刻。在重庆西南师范学院（现为西南大学）召开的全国学校美育工作研讨会上，大弯小学参展的"美丽的十年，值得骄傲的十年"主题展板荣获大会比赛一等奖。课题组余瑛老师与查有梁教授在展板前合影留念，查教授再次肯定并强调学校要坚持"审美育人、一以贯之，育人以美、美在创新"的办学思想。

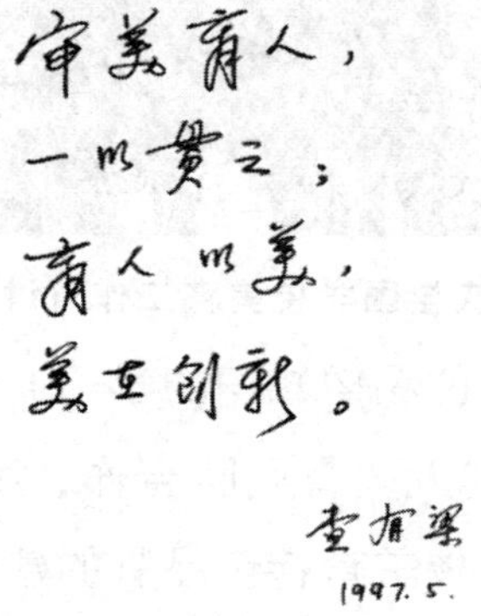

图1-2　查教授第二次为学校题字

查有梁教授的这十六个字，就像一颗种子，在大弯小学美育的土壤中生根发芽，茁壮成长。这颗种子不仅成为学校办学的指导思想，更在师生们的心中生根发芽，成为学校追求美、创造美的动力源泉。

如今的大弯小学，美育之花已经绽放得绚丽多彩。学校的美育工作不仅在四川省内享有盛誉，更在全国范围内产生了广泛的影响。这一切都离不开查有梁教授等的悉心指导和关怀。他们就像那照亮大弯小学美育之路的明灯，引领着学校走向更加美好的未来。

3. 星光路途上的引路人：赵伶俐教授与她的美育团队

2012年11月，秋风拂过大地，党的十八大吹响了新时期教育改革发展的号角。党的十八大报告强调："努力办好人民满意的教育。教育是中华民族振兴和社会进步的基石。要坚持教育优先发展，全面贯彻党的教育方针，坚持教育为社会主义现代化服务、为人民服务，把立德树人作为教育的根本任务，培养德智体美劳全面发展的社会主义建设者和接班人。全面实施素质教育，深化教育领域综合改革，着力提高教育质量，培养学生社会责任感、创新精神、实践能力。"

图1-3 重庆全国学校美育工作研讨会上的合影

此时，大弯小学如同一位渴望知识的学子，怀揣着对美育的热忱，再次与西南大学赵伶俐教授及其大美育团队合作，期待在赵教授团队的引领下走向深度实施美育、塑造学校美育特色品牌的建设之路。

与赵教授及其大美育团队的合作，再次提升和丰富了大弯小学的美育教育探索及其实践。在赵教授莅临之前，学校领导和教师已经先行一步，踏上了前往西南大学的旅程，与赵教授及其团队进行了富有成效的研讨。在这次会面中，大家有幸结识了潘丽、周明鸣教授，李雪垠博士等美育精英，他们后来多次亲临学校进行指导，与课题组的教师分享读书心得、探讨课题计划，还为全体教师开展了精彩的美育专题培训。

2013年年初，赵伶俐教授再次莅临学校。她那高雅灵秀的气质和亲和力，给每位教师留下了深刻的印象。她仿佛带着美育的魔法，与每位教师的交流都如春风拂面，温暖人心。在程辉校长和赖冬梅副校长的陪同下，赵教授漫步在校园里，感受着大弯小学独特的美育氛围。校园里的每一堵墙、每一处景观都诉说着故事。夏天的风轻轻拂过大道旁的银杏树，阳光穿透茂密的枝叶，与蝉鸣交织成一曲美妙的乐章。红领巾飘扬的小弯豆们（"小弯豆"：学校在读学生的昵称），在路过时都会停下脚步，脸上洋溢着灿烂的笑容，向赵教授致以标准的队礼。赵教授对我校的美育环境建设给予了高度评价，她赞叹道："大弯小学真正将美融入了校园的每一个角落。"

图1-4 赵教授及团队莅临学校指导

赵教授及其团队根据我校的实际情况，精心修订了《大弯小学美育教育建设项目实施方案》。新的方案不仅详细规划了推进办法，设计了循序渐进的培训课程，还创新性地运用视点结构等理论进一步完善了美育课程体系，打造了独树一帜的"一体三维"美育新五圈课程系统。

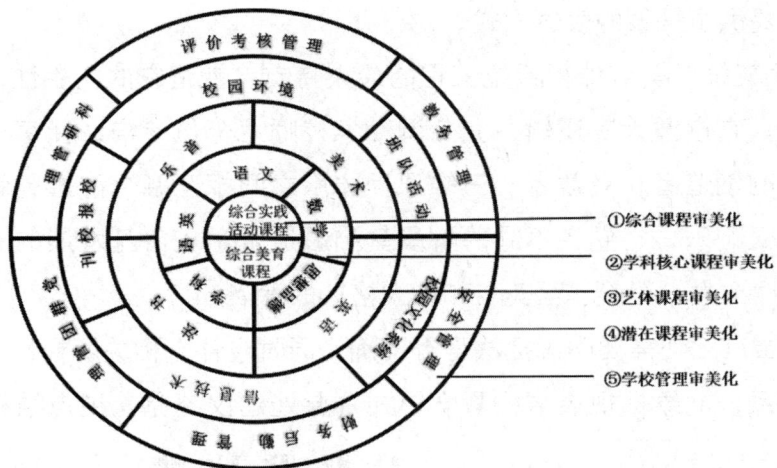

图1-5 "一体三维"课程体系图

"一体三维"的美育课程系统，就像一座精心雕琢的艺术品，既体现了学校美的外显系统（校园文化形象系统）的优雅气质，又展现了内在系统（美育课程系统）的深厚内涵。这个系统以"校园文化形象课程系统""学科课程审美化系统"和"综合美育实践活动课程系统"为主体，共同构建了一个立体而丰富的美育世界。这一顶层设计，如同一幅宏伟的蓝图，引领着大弯小学在美育的道路上阔步前行。

4. 初构"一体三维"大美育课程系统

从小学美育生态的视角来看,大弯小学"一体三维"大美育课程系统分为内在系统和外显系统两大部分,彼此关联又相互交融。

"一体三维"大美育课程的内在系统犹如一颗璀璨的明珠,闪耀着传统学科课程的光芒,包括艺体课程、语文、数学、英语、思想品德、科学等多元课程。同时,活动课程系统也如繁星点点,照亮了学生的校园生活,如学校艺体节、大课间、信息技术、国学经典、社团活动、社会实践等,这些显性课程系统如磁铁般吸引着师生的目光,共同塑造着美育生态的精神风貌。

"一体三维"大美育课程的外显系统则如同一位低调而内涵丰富的艺术家,以"校园文化形象课程系统"的形式,通过学校管理、校报校刊、校园环境、校园CIS形象识别系统等元素,悄然传递着美育的潜在力量,为美育课程生态提供了具象的表达方式。

"一体三维"美育课程系统工程的最大特点,就是它的内生性、开放性和创造性。它遵循大美逻辑,充分调动学校师生全员参与,让每一个人都成为美育的创造者和受益者。三维课程体系之间相互融合渗透,就像是一曲美妙的交响乐,它们在不同的阶段奏响最适合学校自身发展的旋律,实现师生的"至真、至善、至美与和谐人格"的发展。

各圈层(此处需要明确提法是否准确?同时应补充相关解释)之间的内在逻辑联系,就像是视点结构教学模式(此处建议补充:视点结构及其教

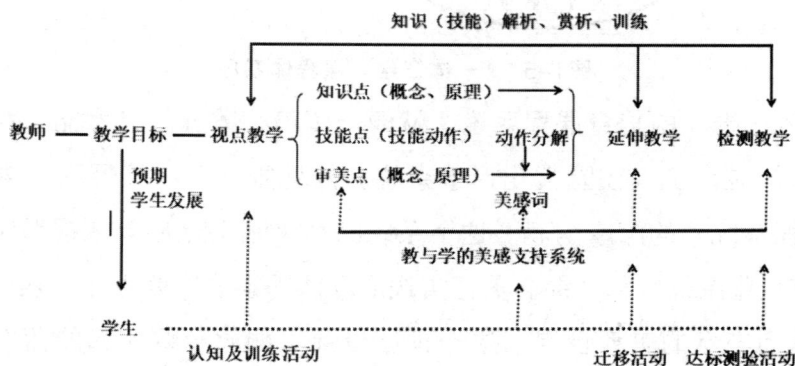

图1-6 视点结构理论图解

学的理论阐述）的巧妙编织，它将课程与课程有机联系，形成序列，持续推进美育教学。这种教学模式的运用，使美育教学更加系统化、序列化，让美育的力量能够源源不断地注入学生的心灵。

在这个美育课程系统的建设过程中，赵教授和她的团队就像是星光路途上的引路人，他们一路相伴，为学校的美育事业提供了宝贵的指导和帮助。在他们的指导下，学校能够有计划地、有条不紊地开展美育项目。他们深入我们的课堂，听课、做调研，针对我校的具体情况提出针对性建议。他们的到来，为学校的美育课程系统注入了新的活力和灵感。

正如赵教授及其团队为期一周的调研中，李雪垠博士所强调："大弯小学首先要做的是成立项目组，整理已有资源。我们研究的核心必须落实到课程，相当于美育课程的综合立体开发。"这一建议为学校的美育课程系统的顺利形成指明了方向。

在他们的帮助和支持下，我校的美育课程系统建设取得了显著的成果。我们期待着在未来的日子里，能够继续与赵教授及其团队携手合作，共同探索美育的无限可能，让每一个孩子都能在美的熏陶下茁壮成长。

赵教授和她的团队如同细心的园丁，他们以精准的眼光和专业的知识，根据学校独特的土壤和气候，为大弯小学美育建设绘制了一幅精妙的蓝图。每一次的深入剖析、精心规划，都确保了学校的课程改革一步一步踏在正确节奏上。随课程顶层设计同时展开的各项专项指导，更是如同丝丝细雨，从各个角落滋润学校美育课程不断成长。

5. 春风化雨柳更绿

2013年，李雪垠博士、周明鸣教授等专家先后多次莅临学校，与学校总课题组成员围炉共话，探讨课题计划。他们的到来，如同春风拂面，为学校带来了新的思考和启示。李雪垠博士和周明鸣教授精彩绝伦的专题讲座，为学校教师注入了新的活力。随后，专家们与我校课题组的教师分享了假期的读书心得，大家以书为媒，相知相悦，共同探讨美育的方向、方法与路径，收获颇丰。

同年夏天，赵伶俐教授在学校举办了一场题为"审美化试点结构教学"的主题讲座，她的话语如同珍珠落玉盘，清脆悦耳，让我们对"学科审美化教学"有了更深的理解。这场讲座，如同点燃的烟花，照亮了大弯小学美育特色发展之路，使这条路上繁花似锦，美不胜收。

此后，学校还与赵教授及其团队共同参加了美育论坛，共襄美育盛举。在大弯小学的特色刊物《美学堂》（创刊号）中，赵伶俐教授亲自撰写了前言，为刊物增添了厚重的学术底蕴。赵教授曾深情地说："教师最大的幸福来自学生与你的心灵呼应，来自学生对你真善美的感动。还有什么样的教师，比既真又善且很美的教师，更具有魅力的呢？"这句话如同种子般深深扎根于大弯小学每一位至美教师的心中，成为他们不断追求高远目标和理想的动力源泉。

在赵教授及其团队引领下，大弯小学的美育事业蓬勃发展，每一位教师都以美育为己任，用心去感受美、创造美、传播美。在这里，美育不再是空中楼阁，而是融入日常教学的点点滴滴，让每一个孩子都能在美的熏陶下茁壮成长。

6.美育之树的灌溉者：青白江教育局鼎力支持与关怀

在铺展美育特色课程的绚烂画卷中，有这样一群默默无闻的守护者，他们如同细腻的园丁，为"大弯小学"这棵美育之树倾注心血，浇水施肥，确保其茁壮成长。正是青白江区教育局的党组书记、局长带领的专家领导团队，以及学校的责任督学们，共同构筑了这场教育盛宴的坚强后盾。

曾几何时，由于种种政策限制和现实条件的制约，大弯小学的发展一度陷入了瓶颈期。原本精心策划的"校园文化"建设方案也不得不束之高阁，这使得我们与成都市内甚至周边区县的同类学校相比，明显落后了许多。这种落后，让每一位大弯小学的师生都深感忧虑，越来越明显地感觉到如果不加快建设的步伐，提升学校的文化品位，大弯小学将无法配得上"青白江窗口小学"这一光荣的称号。

2009年春，成都学校"5·12灾后重建"的春风拂面，在国家、省市区各级政府与区教育局的深切关怀下，大弯小学成功化解了因创建"普九示范校"、修建综合楼而积累的多年"债务"，其中包括向教师借款、拖欠建筑工程款、校门及道路修建费用、学校租地费用、新华书店教材款、电教馆"托普电脑"款项等，总金额高达600万元。同时在教育局的大力支持和帮扶下，学校成功争取到了艾切斯无缝钢管有限公司慷慨解囊的342万元捐助款。这笔宝贵的资金为学校打造美育特色环境提供了强有力的支撑。

在这样的政策支持下，学校"四真八悦"文化建设方案终于变为现实。

学校精心规划了校园文化区域"四一"：一道校门庄重而大气，一个美育小广场成为师生展示才华的舞台，一堵浮雕墙诉说着学校的历史与传承，一条美育走廊则展示着学生的艺术作品。

校园"两化"让校园焕然一新：运动场塑胶化，为师生提供了更好的运动环境；园林化则让草坪四季翠绿，绿化四季美丽，水池长年清澈，景石处处新颖。

在文化符号方面，学校录制了校歌，重新设计了校徽，使学校的精神面貌焕然一新。视导文化方面，精心布局了名人名言、名家字画、功能铭牌等，让校园的每一个角落都充满了文化的气息。

最引人注目的是，"寓真于美，以美载真"八字理念被镶刻在了学校美育小广场的祥云柱上；"学真知、练真才、求真理、做真人"校训也镌刻在了墙上，成为学校的精神支柱。

2012年，教育局的领导和专家高瞻远瞩，见证了大弯小学与西南大学共同建设美育特色学校的辉煌历程。青白江区教育局党组书记、局长何丽更是在基础教育科科长樊坤的陪同下莅临大弯小学，深入调研并聆听了美育骨干教师袁雨涵的随堂课。何局长对大弯小学的教师队伍建设和美育特色建设寄予了厚望，她勉励学校教师要转变观念，全面关注学生的发展，把课堂还给学生；她要求学校要加快发展速度，把美育特色课程体系做实做精，尽快把大弯小学打造成全市有影响力的品牌小学。

图1-7　教育局领导到校指导美育工作

　　之后，区政府督学督导马绍萍等也多次莅临学校进行美育课程专项建设督导，他们不仅肯定了我们在美育文化建设方面的实践成果，还提出了许多宝贵的建议和指导意见。这些建议为进一步完善美育课程体系和提升美育教育质量提供了有力的支持和帮助。

图1-8　教育局督导到校指导美育工作

　　如今的大弯小学，正沐浴在教育局领导和专家的关怀与支持下，焕发出勃勃生机。在未来的日子里，大弯小学将继续秉承"寓真于美、以美载真"的教育理念，为培养更多全面发展的人才而努力奋斗！

二、相知·为伊消得人憔悴

在教育的漫漫征途中，我们从相遇走向相知，共同为实现美育的崇高目标而不懈努力。就像播种"美"的种子，我们以朴素的追求开启美的旅程。在学校美育教育思想的引领下，我们致力于打造致美教育，让美成为教育的核心力量。

从建校以来，学校经历了美育特色立校、美育文化兴校、美育课程强校的发展历程。在新时代的教育改革浪潮中，我们将持续推进"美育特色"的创新发展，一以贯之地践行"以美育人"的办学理念。

我们深知，美育不仅是审美教育、情操教育、心灵教育，更是培养创新意识和丰富想象力的重要途径。让我们在相知的道路上，共同培育学生的审美能力，让每一个孩子都能在美的怀抱中绽放光彩。

（一）朝阳喷彩　我们启航

> *"尽精微，致广大。"*
>
> ——《中庸》
>
> ——从细处说，美育是教育孩子发现美、理解美、追求美，让美的精神融入日常生活；从大处说，美育是以美育人、以文化人，让中华美育为文化自信筑基。

《论语·里仁》子曰："参乎！吾道一以贯之。""一以贯之"，说的是用一种学说贯穿一切事物；也有自始至终贯彻到底的意思。用在学校美育建设，就是将"美育"贯彻到底的意思。

1. 播种"美"的种子

1.1 朴素追求美

大弯小学的前身为青白江区华严公社的村小，建于1964年，当时占地仅4.6亩，共有砖瓦房500多平方米（8个教室、2个办公室、6间教师宿舍），负责人和教师共9人，学生300余名，仅有6个教学班。9月开学时，教室的门窗还未装，风往里刮、雨往里灌，师生只好移动课桌躲避；没有课表挂牌，办公室、教室标志牌，教师自己动手做……艰苦的条件并未影响老师们对教育的热情，大家领着二三十元的微薄薪水早出晚归，兢兢业业，默默耕耘，赢得了学生和家长们的爱戴与敬仰。

在那个年代，虽然"美育"一词还没被明确提出，但前辈们已经做了很多有益的探索。学习的过程不仅让学生掌握学科的系统知识，同时也对"美"进行朴素的体验。语文课，让学生在学习语言文字、感受人物形象的同时，还享受人文的熏陶；数学课，让学生在解决问题的时候体会到强烈的满足感；劳动课，学生从自我服务到服务于他人，得到创造美的感受、心灵美的陶冶。音乐课上没有琴声，老师就用歌声抚慰学生的情怀。美术课上没有彩笔，老师用简单的线条勾勒让学生赏心悦目。体育课上虽然没有运动器械，但泥地上的奔跑也体现着平衡、速度与力量的完美结合。前辈们历经风雨，朴实追求，用满腔的热情谱写着劳动者美的颂歌。

1.2 科学研究美

20世纪90年代，美育教育方兴未艾，我校成为最早一批涉猎美育、研究美育的学校。通过美育课题研究，探索美育目标达成途径，以美育教学为突破口，率先从分数第一、升学为先的铜墙铁壁中突围出来，让一所起源于村小的郊区城镇小学逐步扩大影响力，独秀于林，成为中国地方名校，成为当地家喻户晓的美学堂。

在此期间，学校先后参与或独立承担了"八五""九五"20 项课题研究（其中国家级课题9项，省级课题2项，市级课题1项，区级课题8项）。其中，"小学美育目标达成途径研究""中国儿童大美育实验研究"为代表性课题。在这一阶段，首先是将美育作为学校核心课程来研究，将"美育"作为校本必修课列入课表。课题组成员参与了美育操作活动案例的编写，将此作为美育课教材。

1.3 潜心探索美

在一个风和日丽的早上，一条喜讯传来，学校申报的"小学美育课程系统审美化建设研究"课题，被列为国家精品课程"课堂教学技术与艺术"横向课题。学校致力于鼓励每个班级都参与到艺术创作中，无论是绘画、舞蹈还是音乐，从美育课题作业入手，让全员真正动起来。

这一消息在学校引起了轰动，学生纷纷响应学校的号召，积极参与各类艺术培训。学校的走廊、教室和操场，都被学生的艺术作品装点得五彩斑斓。

学生对艺术的热情被点燃，为了满足学生对艺术的渴望，学校同时以"大美育观"作为指导，从自然美、科学美、社会美、艺术美等领域以及各个学科中去寻找审美教育元素，进行潜在性、渗透性审美课程研究，尝试以美养德、以美启智、以美健体、以美促劳。他们发现，原来除了数学、语文和英语，还有这么多有趣和富有创造力的领域等待他们去探索。

2.种子的生根发芽

随着时间的推移，美育在大弯小学逐渐生根发芽。程辉校长将美育课题纳入集团活动中，程辉、赖冬梅、王廷志一起探讨五圈课程体系的总目标以及各圈层应该涵盖的学科以及工作。

2.1 开发尚美课程

开发核心课程、美育综合实践活动课程、艺体课程、潜在课程、学校管理课程，形成以艺术教育、经典诵读、励志教育等选择性多、活动性强、渗透性深的学校课程图谱。以高端的中外艺术品作为美育教材，让师生们在不断探究和追问中体验艺术所表现的丰富内涵，理解艺术中蕴含的人文价值，提高科学素养，提升审美能力。

2.2 培育"五美"教师

2013年大弯小学全体教师参加了"享受审美教育，做'五美'教师"的美育专题培训。在培训会上，李雪垠博士为大家带来了精彩纷呈的演讲，她从美育的定义、目标、美的形态入手引导老师如何从体态、服饰、行为等方面做"仪表美、师德美、教学美、心灵美、个性美"的"五美"教师；又从美存在的领域和美的风格范畴进行了分类讲解，介绍了综合美育实践活动课程的逻辑构建和课程特点，全体教师在此次培训中受益匪浅！

2.3 塑造创美学生

在美育课程的熏陶下，在教师的倾心培育下，学生不仅在创美之路上取得了显著的进步，他们的思维也更加活跃，创造力也得到了极大的提升。家长们看到孩子的变化，纷纷对学校的美育教育表示赞赏和支持。学校也因此在社会上获得了更高的声誉。

教育是使命，艺术是核心，美育是信仰。大弯美育是大弯教育理念与教育观的选择，是大弯教育历史的积淀，是基于时代赋予提高学生审美和人文素养为目标、弘扬中华美育精神的使命。如今，大弯小学已经成为一所注重全面发展的学校，美育文化已经成为它的一张亮丽名片。而这一切，都源于那颗由何丽局长种下的艺术种子。坚定大弯的教育理想，促进大弯教育新发展，探索大弯美育新实践，续写大弯美育新故事！

（二）劈波斩浪　成功上岸

> 我们周围有光也有颜色，但是我们自己的眼里如果没有光和颜色，也就看不到外面的光和颜色了。
>
> ——歌德

在教育改革不断推进的当下，美育的重要性日益凸显。学校作为育人的重要场所，肩负着培养学生全面发展的重任。本文将深入探讨学校美育教育的重构依据、教育思想等重要内容，旨在展现学校在美育方面的探索与实践，为培养德智体美劳全面发展的社会主义建设者和接班人提供有益的参考和借鉴。

1.重构依据

1.1 理论基础

1.1.1 马克思主义人学理论

马克思主义人学理论实际上就是马克思主义唯物实践存在论，是马克思主义哲学的基本形态。马克思主义人学理论最基本的立足点就是将自由与实践紧密结合起来，促进人类实现自由解放，获得审美的生存。这也是作为马克思主义人学理论重要组成部分的当代美学与美育的主要目标之一。

美育理论的产生就是现代哲学领域由思辨哲学到人学、美学领域，由认识论美学到人生美学、教育领域，由知识教育到通识教育转型的反映。马克思主义人学理论以及与之相关的美学思想就是这一转型中最具科学性的理论形态。

1.1.2 陶行知的美育思想

在我国近现代教育史上，陶行知是倡导与实践美育的先驱之一。他撰写文章，阐述美学观点；潜心钻研，确立美育方针；反复实践，探索适合中国国情的美育道路；不断改革，创立新的美育方法。陶行知的美育理论与实践，是他教育思想和业绩的重要组成部分。

陶行知先生的美学观点寓于他的教育活动之中，是他从教育实践中逐步体验、总结出来的。他提出了"自然美术固可贵，人生美术更可贵"的美学观点，制定"真善美合一"的美育方针，探索了"劝人抓住饭碗求进步"的美育道路（这条道路的实质是服务于人民大众的解放事业。要让"人人有饭吃，人人有水仙花看"），实践了"教学做合一"的美育方法（"艺术的生活，就是艺术的教育"——《陶行知全集》第一卷）。

1.2 国家纲领

中共中央办公厅、国务院办公厅印发了《关于全面加强和改进新时代学校美育工作的意见》。意见指出："美是纯洁道德、丰富精神的重要源泉。美育是审美教育、情操教育、心灵教育，也是丰富想象力和培养创新意识的教育，能提升审美素养、陶冶情操、温润心灵、激发创新创造活力。"意见的指导思想：以习近平新时代中国特色社会主义思想为指导，全面贯彻党的教育方针，坚持社会主义办学方向，以立德树人为根本，以社会主义核心价值观为引领，以提高学生审美和人文素养为目标，弘扬中华美育精神，以美育人、以美化人、以美培元，把美育纳入各级各类学校人才培养全过程，贯穿学校教育各学段，培养德智体美劳全面发展的社会主义建设者和接班人。

2022年教育部颁布的《义务教育课程方案和课程标准（2022年版）》进一步确立了"将党的教育方针具体化、细化为学生核心素养发展要求，明确课程应着力培养的正确价值观、必备品格和关键能力"的教育改革发展方向及课程目标。

1.3 历史积淀

1991年，在赵伶俐教授的引领下，率先加入了"全国大美育实验学校"的行列，20世纪90年代中期，基于当时的"大美育五圈课程系统"理论，学校开设了"综合美育课"，成为全国首批开设这门功课的五所小学之一，希望通过专设课程，培养学生对自然、社会、艺术、科学的综合审美能力。并在其他学科课程、活动课程、环境潜课程中渗透美育。2005年年初，学校领导班子秉承传统，重拾"美育"，将墙上的烫金八字"审美育人、一以贯之"与陶行知先生的"千教万教教人求真，千学万学学做真人"相结合，凝练出了四真八悦的真美模式，作为学校的特色。

为了继承和创新学校30年的"大美育"实验研究成果，让"各美其美、美人之美、美美与共、天下大同"的教育理想真正成为大弯小学人共同的价值追求。学校需要进一步深入解读学校美育文化内涵，将其分解细化，使之与培养目标、核心素养高度契合，使其在课程系统中能落地生根。

2.学校美育教育思想

2.1 至美教育

美是纯洁道德、丰富精神的重要源泉。美育既是审美教育、情操教育、心灵教育，也是丰富想象力和培养创新意识的教育（中共中央办公厅、国务院办公厅《关于全面加强和改进新时代学校美育工作的意见》）。

美育是有目的、有计划、有组织的，通过美的事物，培养学生的审美欣赏力、审美表现力、审美创造力，同时促进其德智体美劳全面素质和谐发展的教育。至美教育，致，有"给予""集中（力量、意志等）于某个方面"以及"达到，实现"之意。在此，力图传达这些理念：学校要给予学生美的教育，即"以美育人"之意；学校将集中、汇聚一切"美"的因素，以培养全面发展的人；通过学校教育，营造轻松、愉悦、适宜的教育氛围与环境，科学设置至美教育的培育机制，培养学生审美能力，使学生各得其所、各美其美，塑造学生美好人生。

2.2 办学理念：以美育人　一以贯之

自1964年建校以来，学校历经"美育特色立校，美育文化兴校，美育课程强校"的发展历程。

在教育改革的新时代，在青白江区确立"陆海联运枢纽、国际化青白江"的总体定位，加快"一流教育强区"和"三名"工程建设的进程中，学校将持续推进"美育特色"的创新发展，将全面贯彻《中共中央关于深化教育改革全面推进素质教育的决定》中提出的"将美育融入学校教育的全过程"的理念及精神，从课程体系优化、教师队伍建设、课堂教学变革、班级活动开展等方面，汇集"美"的内容、采用"美"的途径、运用"美"的形式，落实在培养学生"核心素养"上，落实在"立德树人"上。

"一以贯之"，出自《论语·里仁》子曰："参乎！吾道一以贯之。"在此，表明学校将把"以美育人"的办学主张贯穿于与学校教育相关的一切事物中，持续推进，并随着时代、社会的发展进程，不断优化、迭级、提升。

3.美育教育核心价值观

3.1 让童年与世界和美共生

儿童的发展是现代教育核心价值的定位，儿童的立场应是现代教育的立场。

学校将秉持"尊重儿童、发现儿童、发展儿童、引领儿童"的教育路径，将每一个孩子的童年视为"整体世界"中不可或缺的"美"的一部分，同时，也充分肯定每一个"童年"都因其各自不同、独具魅力的"美"，丰富、充实着"整体世界"的"美"。同时，学校也将用"世界的美"来陪伴、引领、助力儿童更健康、优质地成长。

儿童与世界都具有不确定性、发展性和未来性。学校的核心价值观还彰显出对"立足现在、放眼世界、链接未来"的教育责任和担当的认知与理解。

"让童年与世界和美共生"核心价值观体现了学校基于"儿童现实生活"的教育追求，以期真正实现从"美"到"人"的转变，通过"以美育人"和"以美化人"，真正把与美相遇的过程，变成育人的过程，让每个人成为最好、最美的自己。同时，也用自身的"美"去创造世界的"美"，在与世界的多义性关联（人与自身、自然和社会）中建构更为丰富的、更有价值的"我"的存在方式与生命内涵。

3.2 校训：崇真 向善 创美

真：基本义是本质、本性，引申为真实，又指明确清楚；

善：心地仁爱，品质淳厚；

美：美好的事物，也有令人满意的意思。

崇真、向善、创美，传承了学校提出的"四真校训"（学真知、练真才、求真理、做真人）以及"寓真于美、以美载真"的"真美文化观"，并在此基础上，上升到对"教育本质功能"的追问和回应。在学校的认知中，教育，特别是小学教育最重要的功能就是"奠基并培养影响孩子一生发展的价值观"，其中，最核心的就是"真""善""美"。

作为校训，学校希望每一个孩子从现在开始，逐渐成长为"敢于坚持真理，并具备不断追求真理的才智""品行善良，并用自己的言行去影响世界""向美而行，并拥有欣赏美、创造美的素养和能力"的未来社会主义的优秀建设者。

3.3 校风：各美其美 美美与共

1990年12月，在就"人的研究在中国——个人的经历"主题进行演讲时，著名社会学家费孝通先生总结出了"各美其美、美人之美，美美与共、天下大同"这一处理不同文化关系的十六字"箴言"。

在此，学校将"各美其美、美美与共"作为校风，贴合"以美育人，一以贯之"的办学理念及"让童年与世界和美共生"的核心价值观，意在唤起全体师生"对自身个体之美"的认知和尊重，彰显个体生命"独一无二"的价值，同时，倡导对他人以及对周围世界之美的"发现"和"尊重"，形成"个体"与"个体"、"个体"与"群体"之间的"万物共生、相辅相成"的辩证意识。学校致力于营造师生之间、师师之间、生生之间以及"家校社"之间和美同行的良好风气及育人环境，以更人文、更和谐的教育生态系统，助力孩子的成长。

3.4 教风： 教人求真　引人向善　和美共育

与"崇真、向善、创美"校训的教育主张一脉相承，也与陶行知先生提倡"千教万教教人求真"的教师准则相融合。

学校主张教师群体要以"崇尚真理、追求真理"的精神和教育教学方式促成学生、奠基学生"勤奋学习、辨识真伪，追求真知识、真学问"的意识和能力；教师群体要以自身的师德风范，在日常教育教学过程中，去影响、引领学生"不断完善自身言行，追求美好事物"的主动意愿和实践行动。

和美共育：

（1）倡导全体教师都应成为"身心健康""德才兼备"的和美之师；

（2）倡导全体教师以"言行之美""人格之美""教学之美"去引领学生优质成长；

（3）特别在践行《义务教育课程方案和课程标准（2022年版）》的新时代教育改革的历程中，学校主张教师以"打破学科界限""贯通学段育人"的意识与行为，各学科教师之间应当取长补短、协调优化，以更"和美"的育人内容、育人途径和方式，为全体学生的"和美"成长提供支撑。

3.5 学风： 勤学真知　乐群友善　创美笃行

学风与"教人求真、引人向善、和美共育"教风一脉相承，体现了"师生互动""教学相长""相辅相成"的教育原则。

勤学真知，强调学生以学为主的"本位"以及学习过程中的"慎思、明辨"的能力，《义务教育课程方案和课程标准（2022年版）》也强调对"理想信念"及"正确价值观"的培养，这对全体学生对知识、信息等的辨别、选择提出更高要求；

乐群友善，是从"个体与群体"的辩证关系方面对学生提出的成长要求，只有"乐群友善"的人才能养成合作、共进的意识，才能发现、欣赏别人身上的"美"，也只有这样的人才能从小奠定"中华民族共同体"和"人类命运共同体"的意识与情怀；

创美笃行，是从发挥主动性、能动性以及创新实践层面提出要求，一个能"创美笃行"的人，才能是一名"有理想、有本领、有担当"的新时代好少年（《义务教育课程方案和课程标准（2022年版）》）。

3.6 学生发展目标：培养具有"求真精神、善良品行、审美素养"的现代小公民

学校秉持"真善美"的教育属性，主张教育就是要点亮孩子心中的"真善美"，培养他们自身持续的生长能力以及与世界的对话能力。

具有"求真精神"的人，才能"站得正""行得端"；具有"善良品行"的人才能充满家国情怀，才能关照、关切身边人、事、物，并给予善良言行；具有"审美素养"的人，才能充分感知生活和世界的"美"，并努力去创造"美"，才能在更完整的意义上去追求、展现"完整的生命价值"以及"人与世界更和谐"的景象。

3.7 教师发展目标：培养具有"大美视野、淳美师德、育美才智"的现代型教师团队

以"融合美育"为大弯小学办学特色，理应要求、期望教师具有"放眼世界万物""发现世间之美""汇聚美的因素"的眼界和胸襟；具有"纯正优美"的师德风范和人格操守；具有"以美育人、以美育美"的专业技能和智慧。这样的教师团队才能进一步适应大弯小学的未来教育发展的需要，才能适应未来教育发展的需求。

"现代型"是一个时间概念，即"与时代发展同步"，与时俱进、持续发展。

3.8 学校发展目标：建设成为全国美育特色引领示范学校

在总结30年美育实践经验的基础上，正值践行《义务教育课程方案和课程标准（2022年版）》的发轫阶段，大弯小学更应厚积薄发，以践行《义务教育课程方案和课程标准（2022年版）》为契机，以"融合式美育"为特色主线，在课程体系优化、课堂教学方式变革、家校社企合力共育等方面着力，做强美育特色项目，争创精品特色工程，力争成为全国美育特色引领示范学校，将教育成果向省市内外乃至全国推广、辐射，产生更为广泛的影响力，铸就更卓越、更闪亮的教育品牌。

4.课程体系（基本框架）：完善"一体三维"至美课程体系

在新一轮课程改革的背景下，大弯小学用大课程观规划学校特色课程，用视点结构等理论完善美育课程体系，建构了"一体三维"的"美育新五圈课程系统"（如图2-1所示）。

具体而言，"一体"指以学校美的外显系统（校园文化形象系统）与内在系统（美育课程系统）建设为体，建构"校园文化形象课程系统""学科课程审美化系统""综合美育实践活动课程系统"为主体的三维课程系统。

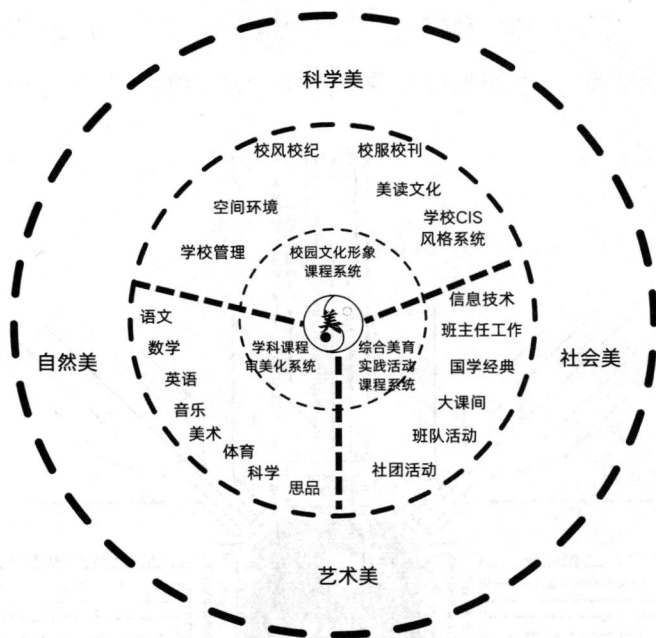

图2-1　"一体三维"美育课程系统图

"一体三维"的美育课程系统从小学美育生态角度，分为内外两大部分：内在系统主要就是传统的学科课程系统（包括传统的艺体课程，语文、数学、英语、思品、科学课程）与活动课程系统（学校艺体课、大课间、信息技术、国学经典、社团活动、社会实践等），两类课程皆属于美育的显性课程系统，它们在美育生态中起到聚神和聚人的作用；外显系统，即"校园文化形象课程系统"（包括学校管理、校报校刊、空间环境、学校CIS风格系统等）为美育潜在课程系统，起到美育课程生态的具象表达作用。

　　"一体三维"美育课程系统工程，其最大的特点就是内生性、开放性和创造性，遵循大美逻辑，充分调动学校师生全员参与。三维课程体系之间相互融合渗透，在不同阶段创生最适合学校自身发展的可能性，实现师生的"至真、至善、至美与和谐人格"的发展。各圈层之间的内在逻辑联系是视点结构教学模式，借此模式将课程与课程有机联系，形成序列，持续推进美育教学。

　　2024年，学校对原"一体三维美育课程系统"框架进行了完善和优化：将"校园文化形象课程系统"改为"至美文化浸润课程"，将"学科课程审美化系统"改为"至美基础学科课程"，将"综合美育实践活动课程系统"改为"至美综合实践课程"。进而形成了学校"'一体三维'美育新五圈课程系统"。

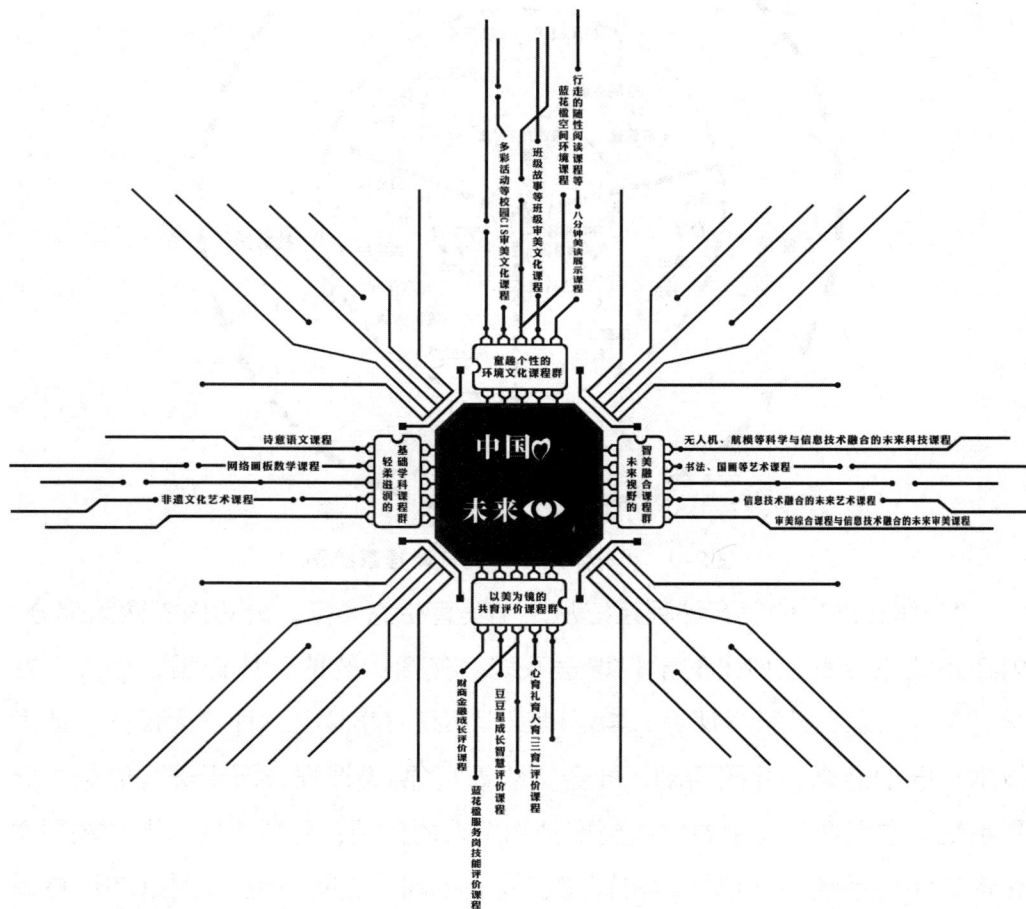

图2-2　"一体三维"美育新五圈课程系统图

在"自然美、科学美、艺术美、科学美"与"一体三维学校课程系统"之间增加一个圈层"家、校、社、企融合美育课程"，以使原课程体系更为完善，同时，也能更好地贯穿、落实《义务教育课程方案和课程标准（2022年版）》提出的"打破教育时间、空间束缚""构建跨学科学习方式""更充分、更灵活地满足全体学生学习需要"以及"增强科学性，遵循学生认知规律，注重与学生生活、社会实际的联系；增强时代性，注重体现马克思主义中国化最新成果，反映经济社会发展新变化、科学技术进步新成果"等指导思想。

三、相伴·吾将上下而求索

美，是和谐。

美育，是使人格和谐发展的教育。

大弯小学坚持做"美育"，坚持"以美育人"并"一以贯之"。学校近三十年的实践探索，一直努力想让大弯小学成为小学中的"美学堂"。

（一）课程教学的理论支撑：视点结构教学技术

> 没有爱伴随着美，就没有生命，没有诗。
>
> ——俄国哲学家、文学评论家别林斯基

"视点结构教学技术"，是指确立一个清晰的点（知识点、技能点、问题焦点、重心点、中心点，或者其他点），从此点沿着一定逻辑联系轨道或结构展开知识和思维视野的适用于各级各类各科教学的教学技术或教学技术型行为系统，"是从古典和现当代经典教学理论、现当代前沿科学理论和大量学校教学尤其是课堂教学实践研究中提炼出来的，具有独到特点，又具普适性的教学技术系统成果"。同时也是一种教学理论、模式、认知和思维方法，乃至宇宙世界观、方法论和价值观。

1.审美化视点结构学科组操作模式

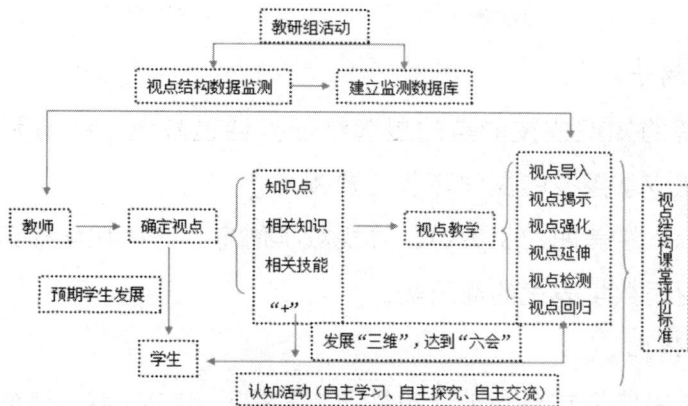

图3-1   审美化视点结构学科组操作模式图

2. "审美化视点结构6环节+" 教学模式

在学科组的操作模式基础上，建构了课堂教学操作模式——"审美化视点结构6环节+"。

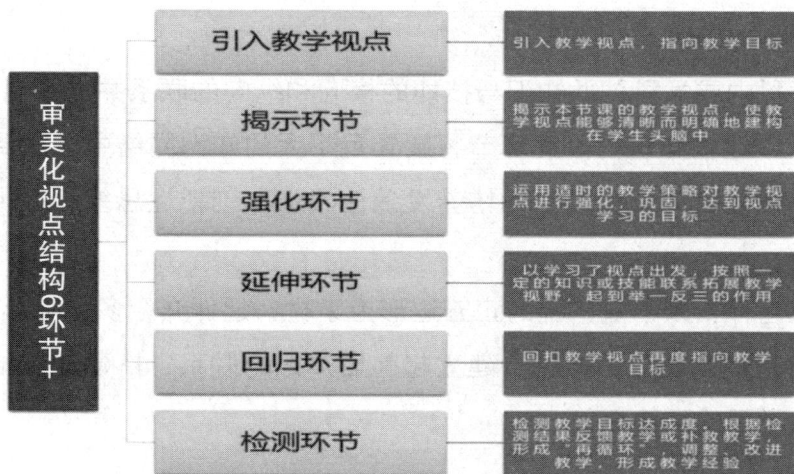

图3-2   "审美化视点结构6环节+" 教学模式图

2.1 视点导入

明确教学目标（激趣、新旧知识联系、知识本身的实际意义），注意新知识点与旧知识点之间的联系，由易到难，让学生快速进入学习活动中。

视点导入：播放生活中与密铺相关的微课视频，将学生已有的生活经验，转化为数学知识，在课堂中感受密铺与生活的联系，体会数学与生活的和谐美。

2.2 视点揭示

初步了解的知识或技能点的显著特征。通过举例、练习明晰知识点的基本特点，初步掌握技能操作环节及要领。

视点揭示：在美丽的图案中，寻找数学信息，归纳数学知识，了解密铺的特点，感受用数学表达的简洁美。

2.3 视点强化

选取教材中典型材料，进一步练习、掌握新知的特点。选取教材中特殊材料，通过对比教学，掌握新知的特殊情况的表现形式，全面掌握新知。

视点强化：经历分歧、质疑、统一的活动后，引导学生通过猜测、验证、交流、质疑、反思的数学化过程，探究出密铺与边、角之间的联系，让学生对密铺有了深刻认识，形成学生数学探究方法模型，实现对解决数学问题由感性到理性的认识，体会数学的逻辑之美。

2.4 视点延伸

在学科内或学科外做知识与技能的横向和纵向的联系并进行视点延伸，拓展教学，建构知识树。此环节将新知置于大的知识网络中，找到它的坐标位置，确立它的反应场。为培养发散性思维和创新性思维，提供有效的实践机会。

视点延伸：以不能密铺的正五边形为素材，延伸介绍多种图形的密铺，以及欣赏不规则图形的密铺，建立起前后知识的联系，搭建知识结构，体现了数学学习的延伸之美。

2.5 视点回归

整合所学知识，师生总结这节课的知识点。师生合作梳理这堂课的知识脉络，将新旧知识整合，将新知与学科内外知识进行整合。培养学生养成"自主学习—自主总结—自主提升"的知识内化习惯。

视点回归：在学生的交流、反思、总结中，经由教师的引导提炼，结合板书中知识探究的过程，发现知识间的关系，完成整合，达到数学知识的结构美。

2.6 视点检测

以本堂课所学知识为考查的主要内容，以练习题的方式，对学生进行一个普测，掌握学生的学习情况，为下一步教学探清底。学生通过检测了解自己的学习情况，合理地安排自己的复习计划，更好地查漏补缺。

视点检测：采用后测的方式，学生收集资料，拓展知识，发掘与密铺有关的其他知识，使得数学的学习维度更宽，学习方式也更加多元，及时反馈教学的效果。

2.7 视点6结构+

旨在除了完成视点学习目标，还要在学习过程中渗透学科思想，掌握学科学习方法，培养学科素养、审美素养等。

视点6结构+：结合选用的相关知识素材，让学生走出课堂中的密铺，走进密铺的历史和文化，建立数学与艺术的联系，提升数学美的价值。

3. 审美化视点结构教学教案（备课、教学设计）基本模式

表3-1　审美化视点结构教学教案（备课、教学设计）基本模式

项目	内容
课题	
课时	
教学目标	1.学科目标 2.同时目标：（美育、德育、体育、劳动教育目标）
教学内容	1.知识点（知识点定义、关键词） 2.相关知识 3.相关技能 4.+（渗透的某种学科思想，培养的某种学科素养，掌握的某种学科学习方法）
教学重难点	
教学材料	1.典型材料 2.延伸材料 3.检测材料 4.教具 5.设备仪器 6.教学环境布置

续表

项目	内容
教学过程及方法【各个学科细化】	1.视点导入，激趣，新旧知识联系 　【例如音乐：歌曲或唱法导入……】 2.视点揭示，指向教学目标 　【例如音乐：歌曲揭示，整体感知……】 3.视点强化，接近教学目标 　【例如音乐：歌曲强化，有感情演唱……】 4.视点延伸（学科内和学科外），达到强化教学目标 5.视点回归 6.视点检测，检测教学目标达成度
板书设计	
教学反思	

4.课堂教学评价模式："审美化视点结构6环节+"课堂评价标准

表3-2　课堂评价标准

评价阶段	具体环节	评价内容
课前准备	教学视点及目标设置	1.知识点、相关知识、技能、审美点，准确、明确，具体并可观测。 2.根据学习内容和学生实际准确描述教学重点和难点。 3.选择的典型、延伸、检测材料能很好地为视点教学服务。
	教学过程设计	1.视点的导入、揭示、强化、延伸、检测、回归清楚，体现了内在的逻辑美，科学合理。 2.突出问题探究，关注面向全体，关注个性，符合学生学情。 3.体现信息技术环境下学科教学特点，符合教学设计基本要求。 4.充分给学生深度参与、展示的时间。（根据课型、年段不同，时间保证15~20分及以上。）
审美化视点结构教学过程	视点导入	1.视点导入简洁有趣，铺垫得当、引发思考。 2.衔接过渡自然，紧扣学习主题。
	视点揭示	视点揭示能直接指向教学目标。
	视点强化	视点强化能够清晰而明确地将知识点建构在学生头脑中。
	视点延伸、检测	1.视点伸延能从清晰的视点出发，按照一定的知识联系拓展教学视野。 2.检测材料科学、有针对性；能根据检测结果反馈教学或补救教学，目标达成当堂见效。
	视点回归	能回扣教学视点再度指向教学目标，归纳简明系统，规律总结明了科学。
	环节关系	视点揭示、强化、延伸之间，层层递进，逻辑清晰。
	媒体使用	充分利用各种课程资源，多媒体使用恰当合理，更好地突破重难点，激发学生兴趣，启迪思维。

评价阶段	具体环节	评价内容
学生	课堂参与	学生积极性高，主动积极参与课堂的各项活动，参与面达50%以上。
	自主探究	1.围绕学习问题，独学、对学、群学，专注度高。 2.深入思考，大胆质疑，生成新问题。
	合作讨论	1.组织科学合理，讨论积极深入。 2.充分经历从"独立思考"到"集体思维"的过程。
	能力培养	课堂中学生的观察、思考、表达、倾听、评价、质疑、总结、反思、自学、创新能力得到培养和发展。
教师	课堂氛围	师生关系民主、平等、融洽，课堂有活力，师生互动、生生互动气氛和谐。
	课堂提问	问题简洁、准确，指向明确，能把握好问题的难易度，深度与广度。
	课堂把控	1.教师点拨及时，语言精当，激发思维，引发学习愿望。 2.突出问题与重点，贯穿学法指导。
	教学方法	能根据教学的实际恰当地选择合理的教学方法。
	教师素养	1.语言准确、有感染力，板书工整、合理，现代教学技术手段操作熟练。 2.有加强的组织、启发、引导、归纳等教学能力。 3.教学过程中注重学生的发展，课堂折射出来的教育理念能符合新课标求。
	"+"	课堂中渗透的学科文化、学科思想、学科素养、审美素养。

视点导入简洁有趣，铺垫得当、引发思考，衔接过渡自然，紧扣学习主题；揭示环节要使教学视点能够清晰而明确地建构在学生头脑中；在强化环节中要巩固视点，让学生学习的新知能够内化；延伸环节从清晰的视点出发，按照一定的知识联系拓展教学视野；在检测环节中，检测材料要有科学性和针对性，能根据检测结果反馈教学或补救教学，目标达成当堂见效；回归环节能回扣教学视点再度指向教学目标，归纳简明系统，规律总结明了科学。至此，教学活动的一个基本"逻辑循环节"运行完成，六环节环环相扣，层层深入，至美课堂浑然一体。

5.学科课程审美化实施

运用"审美化视点结构六环节+"模式，推进学科课程审美化实施，打造"至美课堂"。坚持用大美育的思想，在基础学科教学中，全力推动课堂审美化教学，即在国家课程的校本化实施中，提炼审美点，通过审美点的切入、解读与延伸培养学生的审美能力，实现学生审美素养、人文素养的提升。

艺体学科教学是小学阶段学校美育课程的主体，在传授必备的基础知识与技能的同时，发展艺术想象力和创新意识，帮助学生形成一两项艺术特长和爱好，培养学生健康向上的审美趣味、审美格调、审美理想。在音乐学科教学上，学校推行"体验式"音乐课堂教学模式；在美术学科教学上，以"陶艺"为视点，将美术课程标准中的相关目标整合于陶艺特色课程中；在体育学科教学上，重点打造冰壶、足球、篮球、跳绳特色课程；多学科融合打造特色STEAM课程。

【案例1】师生在省双年会上展出的《丝路泥语》系列作品

参展作品以中外文化交流为主题，运用陶艺的技法，将蓉欧文化融入教学，让孩子们寻觅蓉欧，发现时代的更迭，感受古今的交融，用自己的感受去创作，去表现蓉欧铁路沿线的风土人情。瓷板画《中外交流》既表现了我区特色，也展示了铁路沿线阿拉伯、欧洲的建筑和人物。

【案例2】 至美之星颁奖典礼

2020年9月30日，以"磨豆追梦 智美未来"为主题的至美之星颁奖典礼上，揭幕了学校吉祥物"豆豆仔""豆豆妞"，并发布了相应的表情包、玩偶、纪念徽章等。学校对获奖的至美少年、至美教师、至美班级、至美团队进行表彰，让师生们感受到了至美之星们用平凡的事迹诠释着成长的历程。

（二）美育教育的学校精神文化建设

> 美具有引人向善的作用和力量。
>
> ——柏拉图
>
> 美是道德纯洁、精神丰富和体魄健全的有力源泉。美育最重要的任务是教会孩子能从周围世界的美中看到精神的高尚、善良、真挚，并以此为基础确立自身的美。
>
> ——苏霍姆林斯基

1. 至美班级

在美的外显形象系统建设方面，除了进行校园环境文化建设，还要着重打造校园文化形象课程系统，即班级审美文化建设。经过一系列的努力，形成了班级审美文化建设的一般模式，即以服务于学校教育为目标，按照明确的指导思想与原则，教师作为引导者，积极引导学生参与其中，学生作为主体，自发形成精神美、行为美、物质美的过程。在班级审美文化建设的过程中，学生充分发挥了其主观能动性，其自我满足感大大提升，最终形成了一定的审美素养。

1.1 班级审美文化建设

科学的教育理念是教育高质高效的根本保障，而恰当的原则可以使教育实施者在施教的过程中少走弯路。班级审美文化建设要想取得更好的效果，就应在建设前根据学校整体校园审美文化建设与美育教育实施的理念与宗旨，明确班级审美文化建设的指导思想与原则。

图3-3　名班主任工作室培训

图3-4　班主任培训会

1.2 制定目标

在坚持已经确定的原则下，对本班的文化建设审美需求与现况进行分析，结合学校的要求和自己班级的实际情况，提出科学、合理的班级审美文化建设的目标。只有在科学、合理的目标下，才能探索出正确的班级审美文化建设途径，获得较好的效果。

1.3 设计内容

美学堂的班级审美文化的内容可以划分为物质、精神、制度三个层面。

首先，班级物质文化建设方面，是班级审美文化建设的表层，也是外显文化，应该创造美的教室环境，保持卫生清洁、绿化，在教室内布置图书角等有利于美的班级文化和谐环境建设。

其次，班级精神文化建设方面，是班级审美文化建设的核心内容，大致包括班级精神、班级凝聚力、团队意识、班级文化活动等内容。各班在"美丽"精神文化确立的过程中，要把科学、正确的人生观和价值观融入班级精神文化，并结合学校要求定期开展形式多样的主题活动等，并把活动作为班级精神文化建设的有效途径。

最后，班级制度文化建设方面，主要以小学生日常行为规范和班级的精神审美文化为依据，根据班级实际，制定体现班级特色的相关制度。班级制度是针对全班学生的，要保证学校规章制度的公开、公平、公正。

【案例1】春芽中队

取迎春花的"春"字，迎春花不畏严寒，不择风土，适应性强，是春天的使者，是万物苏醒的象征，是新生命的开始，代表着乐观勇敢，积极向上，团结友爱。

图3-5 春芽班

【案例2】夏葵中队

希望孩子们像向日葵一样，向着太阳出发。

图3-6 夏葵班

【案例3】佩兰中队

佩兰中的"佩"取自"佩服，敬佩"；"兰"取自兰花，兰花为"美好""高洁""淳朴""贤德"之类的象征，又有"花中君子"的美称。

图3-7　佩兰班

1.4 组织实施

组织实施是指教师与学生为了实现班级审美文化建设的目标，按照原则，将设计好的审美文化内容在班级文化建设中实施，最终形成班级审美文化的过程。组织实施是班级审美文化建设能否真正实现的关键环节。在这一环节中，班级审美文化建设的主人为学生，教师是引领者和指导者的身份，而学校是班级审美文化建设的支持者。在班级审美文化建设组织实施过程中，三者的表现直接决定了班级审美文化的建设效果。尽管小学生的年龄较小、心智成熟程度较低，但是都具有一定的主观能动性，小学生作为班级审美文化建设的主导者，应该充分发挥其独立自主的权利，树立主动参与班级审美文化建设的意识，积极主动地通过科学的技能与方式进行班级审美文化建设，进而努力打造一种学生自主建设的班级审美文化。教师是学校推行班级审美文化建设的践行者，要树立正确的教育理念，将自己准确定位在引导者和帮助者的角色上，一方面应该通过与家长、学生的交流，将班级审美文化建设的理念进行推广；另一方面应该针对小学生的不成熟性，通过高效的指导帮助学生完成班级审美文化的建设。

当班级审美文化建设进入组织实施环节，首先，学校作为支持者，应该塑造良好的班级审美文化建设氛围，建设校园审美文化，一方面应该从政策、资金等多个方面提供给教师关于班级审美文化建设构想实施的支持；另一方面打造一个班级审美文化建设的平台，让教师与学生分享所在班级审美文化建设的案例、经验，相互学习与交流。其次，学校应该建立对于教

师进行审美教育专业素养的培训机制，从教师理念与专业技能、知识等多
个角度提高教师美育水平，从而使其对班级审美文化建设的指导更加有效。
最后，学校还应该建立美育特别是班级审美文化建设的考评机制，让学生、
教师均参与进来，对班级审美文化建设进行评比，在校园内形成班级文化
建设氛围，使各个班级都形成自己独特的审美文化。而学生作为建设主体，
应该积极参与到班级审美文化建设的组织实施过程中，一方面应该积极对
班级的班徽、班训、班歌提出建议，共同建立具有美的精神文化；另一方面
主动将教室打扫干净、制作明星墙等有利于美化教室环境。同时，应该制
定班级公约，积极遵守，成为具有审美行为的小学生。而教师作为班级审
美文化建设的引领者与指导者，指导效果取决于其指导方式的科学与否，
因此教师应该引导学生主动参与到班级审美文化建设的组织实施中，从而
树立学生的主体地位。

图3-8　楼廊布置

图3-9　班级布置

图3-10　班级文创作品

1.5 精神文化再构

精神文化是班级审美文化建设的核心，为了提升审美教育质量。一方面，在全校范围内鼓励各班教师与学生深入分析所在班级的个性特色，积极打造属于自己的班徽、班歌、班训、班旗，以各班独特的价值观来构建富有特色的班级审美文化。另一方面，班级活动是促进班级学生德、智、体、美、劳全面发展的重要形式、途径和方法。各班要以班级精神文化为思想指导，广泛开展体育、艺术、主题教育等活动，让学生在活动中接受教育、在活动中培养品德、在活动中贯彻班级文化精神。

图3-11　大弯小学校徽班徽集

【案例1】枫叶中队

班徽整体采用橙色为主色调，火红的枫叶代表少年的朝气与蓬勃，书本代表知识和智慧。希望孩子们既能有热情和活力，又能汲取有用的知识，充实自我，提高自我。

【案例2】松树中队

班徽整体采用绿色为主色调，绿色唱响生命的主旋律，代表生机和活力。希望孩子们如松树般坚韧、挺拔、正直，神采奕奕，眼中有光，心中有爱。

【案例3】白杨中队

首先，班徽整体图案为圆形，它代表着一个统一的整体，是班级凝聚力的象征，更是大家对小朋友们未来圆满结局的渴望与寄托；其次，蓝天、白云、绿地和高山代表着我们伟大的祖国；最后，棵棵小白杨身姿挺拔，生机勃勃，充满活力，象征着少年儿童是祖国的未来，他们畅游在书本的园林中，努力向上，健康快乐地成长。

【案例4】大榕树中队

榕树有着万年长青的特点，有着坚韧不拔的精神。班徽主体是一棵大榕树，希望2022级4班的孩子能够像大榕树一样茁壮成长，充满朝气。榕树下四色小人代表全班所有的孩子，他们各具特色，各有所长。四色小人相互连接，希望2022级4班的孩子能用勤奋和坚韧塑造个人成长，用团结和奉献共创集体辉煌！

1.6 制度文化再构

制度文化主要是指学生日常行为规范，具体表现为班级的管理规章制度。将新的班级审美文化方案中的精神文化转化为学生的行为，让学生具有审美意识与习惯。例如，自律型班级审美建设方案中的制度文化必须制定《劳动纪律规定》《学习纪律规定》等体现自律性的全面的班级管理规章制度，确保学生根据制度形成相应的自律行为；书香型的班级审美文化建设方案中的制度文化需要体现为《阅读小能手评比办法》《图书借阅规定》等班级规章制度，以培养学生浓厚的学习与阅读兴趣，形成良好的学习与阅读行为习惯，营造良好的书香氛围。总之，制度文化一定要根据特色的班级精神审美文化进行再构。

【案例1】菩提树中队班级公约

喜欢用嘴角微笑

擅长用耳朵聆听

主动用双手帮忙

努力用心灵沟通

【案例2】傲雪中队班级公约

学习用品齐备好，不早退来不迟到。

完成任务争分秒，贵在自觉效率高。

升旗严肃不说话，肃立致敬要做到。

出操集合快静齐，动作规范做到位。

铃声一响教室静，专心听讲勤思考。

举手发言敢提问，尊敬师长听教导。

离开教室关电源，专人检查记心间。

各门功课要学好，遵守纪律最重要。

预习复习要自觉，环环扣紧才生效。

审清题意独立做，格式规范不抄袭。

书写规范又整洁，保质保量按时交。

【案例3】常青藤中队班级公约

按时上学不迟到，尊敬师长有礼貌。

铃声响，进课堂，学习用品放桌上。

课间集会站路队，快静齐来要记牢。

课间休息不打闹，平安第一最重要。

上课听讲要专心，积极发言先举手。

老师叫我大声讲，同学发言仔细听。

勤动脑筋用心想，作业按时来完成。

餐前礼仪不能少，节约粮食饭菜光。

班级就是我的家，不丢垃圾不乱画。

清洁卫生靠大家，做好值日人人夸。

学习生活多快乐，学校就是我的家。

1.7 物质文化再构

物质文化方面，是班级审美文化建设的表层，也是外显文化。由于新的班级审美文化建设方案中各班都有了新的具有特色的精神审美文化，因而物质文化作为精神文化的外在表现，应该进行教室环境与设置的重新布置与调整，也就是所谓的物质文化再构。——赖冬梅《以美育人待嘉卉，成风化雨花自开》

【案例1】黄蜂中队班级特色文化角

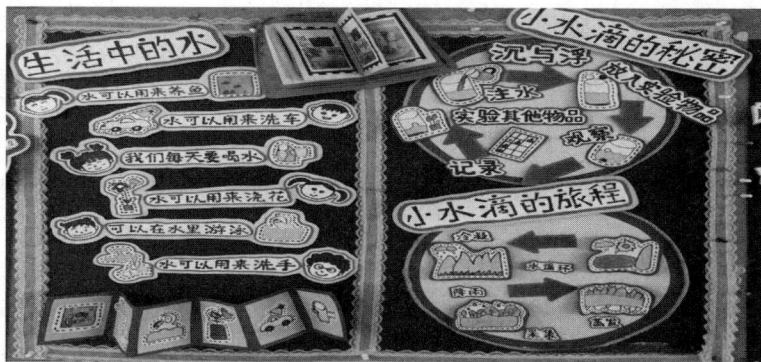

【案例2】满天星中队班级特色文化角

【案例3】蒲公英中队班级特色文化角

2. 至美学生

2.1 至美少年学业星

遵守学校规定的各项学习制度。学习目的明确，态度端正，勤学好问，能较好地掌握各门功课的基础知识和基本技能。善于分析，勤于总结，具有良好的学习习惯。学习成绩突出，各科学习总评成绩均名列班级前茅。在平时学习中，不仅自己学习优秀，还能帮助同学，共同进步。

图3-12 学业星表彰

2.2 至美少年才艺星

对书法、绘画、舞蹈、乐器演奏等具有浓厚兴趣，并具备扎实的基本功。多次参加学校及以上部门组织的各项活动并获奖，能够积极配合做好班级庆祝活动及板报宣传等工作。

图3-13 才艺星表彰

2.3 至美少年体锻星

　　爱好体育，在体育方面有特长，坚持参加体育锻炼，积极参加学校组织的各项体育活动和比赛，积极参加竞技类体育活动，在学校及以上单位组织的体育竞赛活动中有较好名次。

图3-14 体锻星表彰

2.4 至美少年管理星

　　在班级或学校大队部担任职务，有担当，能认真履行自己的职责，有一定的独立工作能力，能做好老师的小助手。曾获班级、校级或区级优秀学生干部称号。

图3-15 管理星表彰

2.5 至美少年公益星

热心公益，积极投身社区公益活动，在公益活动中有优异表现的少先队队员。

图3-16 公益星表彰

2.6 至美少年廉孝星

体谅父母长辈的辛劳，关心父母长辈的身体健康，孝敬父母长辈；尊重父母长辈的教导，尽量不给或少给父母长辈增加经济、精神负担；自己能做的事情自己做，为父母分担力所能及的家务。

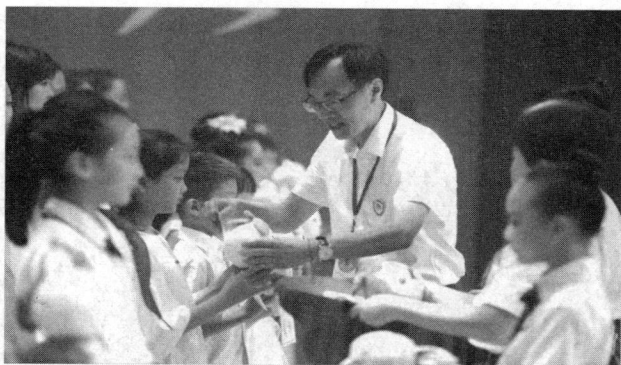

图3-17　廉孝星表彰

2.7 至美少年礼仪星

　　熟悉并在生活中经常运用礼貌"十字"用语（您好、请、谢谢、对不起、再见），见到师长、来宾能主动问好或行队礼。进入办公室或铃响后进教室先报告，得到允许后方可进入。课间、集会或在公共场所不大声喧哗，不追逐打闹。与人交谈使用礼貌用语，不说脏话、粗话。校园中与师生交流使用普通话。

图3-18　礼仪星表彰

2.8 至美少年环保星

　　根据个人日常行为规范，候选人必须热爱劳动、保护环境、爱护公物、勤俭节约，积极参与卫生保洁、爱惜粮食、节约用电、低碳生活、植绿护绿等环保活动，环保节能意识较强。

图3-19 "学雷锋"环保活动

2.9 至美少年创意星

喜欢科技创造，积极参加科技制作活动，有一定创新能力。有小发明、小创造、小制作作品或者有科技小论文获奖、发表。

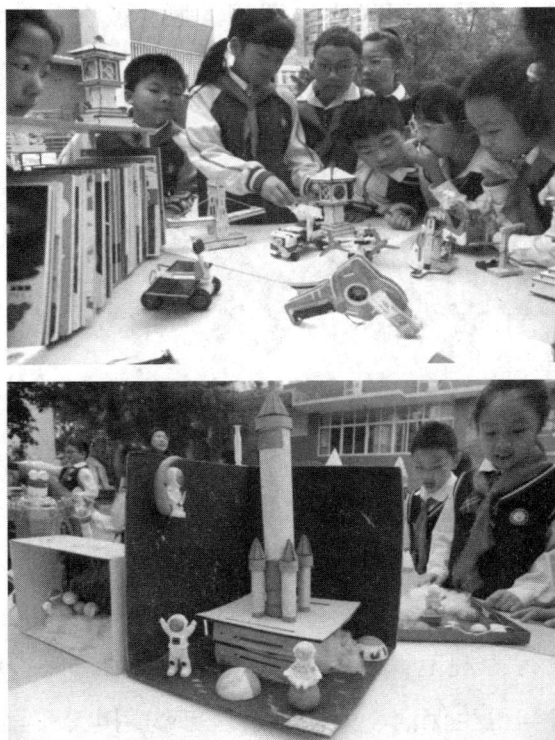

图3-20 科技节创意设计作品

3. 至美活动

3.1 校园书香之晨诵午读：《弟子规》《论语》

每周三的早晨和中午上课前30分钟，校园广播定时播送《弟子规》《论语》国学诵读，学生在这一天手捧《国学经典》这本书，跟着广播齐声诵读，校园里书声琅琅。

图3-21　学生晨诵午读

3.2 班级图书角、楼梯图书角

每个班的教室一角设有一个书架。同学们把自己的课外书带到学校来，先向同学们介绍推荐，再将书籍放在书架上供大家借阅。中午是同学们的课外阅读时间。同学们来到教室里，放下书包，就到书架前选自己喜欢的书本，然后回到座位上静心阅读。每个月大家都会交流读书心得体会，展示读书笔记，共读精彩片段。每个月，同学们都会更换一次书架上的书籍。

综合楼一楼的楼梯间装修成儿童读书角。图书室的老师将儿童文学类书籍，各种适宜儿童阅读的杂志整齐地放在书架上。课间，中午休息时间，同学们三三两两围坐在楼梯间的小桌前，沉浸在轻松快乐的阅读中。

图3-22　班级图书角

3.3 阅读社团活动

每个星期三下午，各个年级社团都有了三到四个阅读社团。各年级的教师根据教导处提供的"必读书目"和"选读书目"挑选出三本必读书籍，七本选读书籍，统一购买。在社团活动时间，上课老师开展整本书阅读教学活动，师生共读一本书，然后选择话题展开讨论。

图3-23　阅读社团读书活动

3.4 图书借阅活动

图书室利用课间休息时间、中午休息时间和下午放学时间，为同学们提供借阅服务。并定期开展"读后感"征文比赛。获奖征文在图书室的门口板报栏里向全校师生展示。

【案例1】读《中国女排：永不言弃的王者之师》有感——2019级2班周梓歆

纵观上下五千年历史，中华民族秉承着勤劳和勇敢，继承并发扬优良传统；长征路上，红军爬雪山、过草地，跋山涉水，不畏艰难险阻，始终坚定理想信念，完成了胜利会师；中国共产党不忘初心，牢记使命，为人民谋幸福，为共产主义理想而奋斗……中华儿女身上时时刻刻都彰显出顽强拼搏的精神，"女排精神"就是薪火的传承。

【案例2】读《都江堰》有感——2022级5班张移森

暑假期间，我反复看了《都江堰》这本书，才明白为什么说都江堰是水利史上的奇迹。原来，早在公元前256年以前，成都平原的岷江常常发生洪涝灾害，当地百姓深受其苦。后来，郡守李冰带领助手用了三年时间沿岷江考察，了解沿岸的水情、地势等情况。他们认真总结前人经验，结合考察结果，决定开凿宝瓶口、筑起鱼嘴分水堰、修建飞沙堰根除岷江水患。都江堰水利工程是一项巧妙利用自然条件，达到人与自然和谐相处的无坝引水工程，它造福了千秋万代，堪称世界水利史上的一个奇迹。在修建都江堰水利工程本身的同时，李冰还命人开凿了两条河渠——流经成都的府河和南河，它们为成都地区的农业带来了极大的便利，被我们成都人亲切地称为"母亲河"。从此，曾经旱涝交替的川西平原一跃成为"水旱从人"的"天府之国"。

3.5 年级图书漂流活动

每学期，图书室对各年级展开阅读漂流活动。图书室的老师为各年级挑选出37本书籍，装在一个书箱里。书籍由各班的图书管理员负责借阅管理。从各年级的一班开始，一周后转交给下一个班。书籍在班与班之间流动，同学们爱护书籍的责任心在书籍流动中养成。

3.6 教师读书沙龙

每期工会都会向教师推荐关于教育、哲学、文学方面的书籍。教师利用业余时间潜心阅读，充实自己的精神生活。教师将自己的阅读体会写成文字，在阅读沙龙里交流分享。优秀的文章被推荐发表到校园蓓蕾报上展示交流。

【案例1】读《你当像鸟飞往你的山》有感——吴红梅老师

书中的主人公塔拉·韦斯特弗，也就是作者本人，讲述了一个来自美国大山深处的女孩儿，通过接受教育最终实现与原生家庭和解的过程。塔拉的父母有七个孩子，每个孩子的童年一点儿也不轻松，因为父亲偏执而不可挑战，总认为自己是对的。因为父亲，塔拉和兄弟姐妹不断地置身于危险之中，但即便经历了两次同样的车祸，着火事件，孩子一次次的受伤，甚至于父亲自己也经历爆炸烧伤，依旧不能让他觉醒。塔拉与兄弟姐妹的童年，充满着伤痛和不安全感，母亲懦弱但忠实地追随父亲，每次孩子受伤，第一时间并不是去医院，而是交由母亲处理，母亲对于父亲的决断，从不反对。大哥肖恩有极端的暴力倾向，不止一次伤害她和姐姐，不仅将塔拉的头塞进马桶，还用刚杀完狗沾满血的刀，威胁塔拉……种种经历，让塔拉17岁前以为自己的生活，就是眼前的样子。直到哥哥泰勒，考取大学，给她带来了新的视野，让塔拉明白，世界远不止眼前的灰暗，于是塔拉踏上了求学之路，最终完成了蜕变。

读这本书中的故事，大多数内容都比较压抑，处于不同国界、不同时期、不同家庭，即使真的无法置身其中，也深深地感受到主人公所经历的一切磨难，所带给她的痛苦也好，逃离的勇气也罢，我想这本书被无数人推荐，大概就是因为塔拉在这样极端的环境中，依旧依靠自己的力量，完成了自我实现吧。

【案例2】读《讲台上下的启蒙》有感——徐波老师

文中记录了一件小事：学生请教语文老师一个关于方言的问题，老师记不清楚，说查到资料后再告诉她。事后，老师把查到的资料告诉学生，因为这件事，学生发生了很大的改变。她的妈妈说，老师把她的事情放在心上了。

这是一个片段，让人心头一暖，但我更赞成文章末尾的一句话："家长把孩子放在心上，是因为亲情；教师把孩子放在心上，则必须要有专业知识作支撑。"专业知识不单单指学科知识，也包含教师自身专业水平。

我们每天面对学生比面对自己孩子的时间还长，如果不能做到热爱学生，将学生放在心上，这教育的过程会令人觉得无比漫长，怎么可能会动人，怎么可能会给人愉悦和幸福，又怎么能让我们的职业生涯绽放出璀璨的光彩？所以，热爱学生，这个根本不能忘，为人为己都是！我们都应该有过这样的经历：当作为老师的我们心浮气躁的时候，学生也同样焦虑不安，教与学的双方便开始了互相折磨的过程；相反，如果老师气定神闲，温言软语，学生就会从容不迫，充满自信与灵气，双方便是相看两不厌了。是前者还是后者，其实选择权在我们手里。当然，老师也是人，实在虚火旺盛的时候。但无论如何，不能忘记咱们面对的是弱小的、可爱的、正在成长中的孩子，要慢慢来，要耐心一点等待，要多用一些爱心去浇灌这些娇嫩的花朵，教育是急不来的，不是吗？

【案例3】读《擦亮语言》有感——曾思思老师

合上《擦亮语言》这本书，我在教学积累本上一丝不苟地记下了凌涛老师上完《海市》一课在她的反思笔记本上写下的这一段话："那些优秀的课堂教学之所以波澜起伏、有声有色、精彩迭出，其中一个重要原因，是教师的提问真正起到了为学服务的作用。问得巧，如同给学生找到了一把开启思维之门的精准钥匙；问得巧，如同舞动了一双能拨动学生情感琴弦的纤纤素手。"的确，教师的提问，是调节课堂气氛的杠杆，诱发学生学习兴趣的先导，促进学生探求新知的动力，开启学生创新思维的钥匙，也是教师提高课堂教学效率，取得教学成功的重要手段和必备技能。对于我这种参加工作还不到五年的年轻教师来说，教师课堂语言是急需锤炼的，就像贾志敏老师说的："一堂好的语文课往往取决于授课教师的语言驾驭能力。作为一名语文教师，就应该在语言艺术上狠下功夫，提高自己的语言修养，让自己的课堂语言日臻完美、细腻、艺术。"

"发明千千万万，起点是一问。智者问得巧，愚者问得笨"。作为教师，应在不断的学习中完善提问语言，力求做到言简意赅，清楚明白；力求做到层层递进，激发思维。我相信，只要我们坚持不懈地努力，在课堂上时时留心提问的语言，那"名师问得巧，教学始成功"也会发生在我们身上。

（三）学科融合，五彩缤纷

> 美教给人识别恶，并与之进行斗争。我想说，美是一种心灵的体操——它使我们的精神正直、良心纯洁、情感和信念端正。美是一面镜子，你在这面镜子里可以照见你自己，从而对自己采取这样或那样的态度。
>
> ——苏霍姆林斯基

《审美·综合》是大弯小学大美育课程体系中的核心课程。美育课是美育的主渠道。在美育课程体系构建中，艺体课程、学科渗透课程、活动课程、隐性课程都有它本来固有的时空和内容，在原有的基础上进一步"审美化"，可以完成一部分美育的任务。美育是有计划、有组织地通过各种美的事物，培养学生审美欣赏、审美创造的能力，同时也是有助于培养他们良好的人格品质行为、增强体质等促进身心全面发展的教育活动。概言之，美育的实质是通过诉诸美的事物，发展学生审美素质同时促进其全面发展。

1.《审美·综合》课程

《审美·综合》即独立开设的美育课。美育综合课是审美教育最典型的课程，它将审美知识、审美原理集中系统地讲授，使学生系统地掌握审美主体所应具备的素质结构、审美客体的特性及价值、美的本质、审美的标准、方法等知识原理，完善学生的审美知识结构，为较高层次的审美实践活动奠定理论基础。

《审美·综合》根据学生年龄水平和认知特征，以美的具体形态及风格范畴为审美视点，围绕审美视点形成多视角、多视野、多方向、多领域的延伸，使学生透过审美视点这一显微镜、望远镜看到比这个知识点广阔得多的美的世界，不但拓展学生审美视野，而且培养学生对具有各种不同个性风格美的事物进行欣赏、评价的能力。尤其在美育课堂教学中，通过精心选择典型材料，用美的事物、美的形象去感染人、感化人、教育人，使学生在接受美的刺激形成美的印象的一瞬间，形成一种得到感情强烈支持的形象交流和认可。这种以形象思维为主的直觉性活动连续和往复地进行，是对学生审美心理能力训练的最佳操作方式。充分利用美育信息本身具有的时代性、思想性、多样性特点，通过原理、形象和情感三条通道立体传递，寓教于美、寓教于乐，发挥美育的同时促进德、智、体全面发展的功能。

审美综合课程不等于整个美育，它同其他美育课程共同具有美育的根本实质，但它与其他美育课程相比，又有自己的特质，独特的目标、独特的内容、独特的教材及教学模式。它集中地、系统地传授美育的知识技能、培养学生对各种美进行欣赏、表现和创造的基本知识结构、技能结构和心理能力结构。正是这种特有的实质使它无论对美育以外的课程还是对美育以内的课程来说都具有独立的、不可取代的意义。

审美综合课程有着独特的教学模式，给学生以审美的眼光与心灵。审美综合课程是一切学科领域和现象领域所蕴含着的美的有机综合与完全交融，它让学生在美的高度概括性和代表性之下，重新组建一个丰富而又完善的世界。学生通过美育课形成一种抓住一点便能把握全面的能力，把握一个整体的美的世界。美育课独特的教学模式就是：它向学生提供的每一个审美知识都不仅是知识，而是一个一个审美视点，就像为学生提供了一个一个审美的显微镜、望远镜，学生从这里看出去，能看到比这个知识点广阔得多的美的世界。在引出审美视点后，关键性的教学环节是审美视点的延伸，形成以审美视点为圆心的多方向多范畴的视角和视野。这种独特的模式不是教学生从千种万种事物中去寻找至善至美的一点，而是教学生从那小小的点中去看到千种万种事物的美，感受那千种万种丰富多彩的美感。由此学生通过美育课的综合教育，会获得一个立体的、有机统一的、对世界进行审美及审美表现、创造的眼光和心灵，提高通感能力。美育课表面上占据了有限的时空，但实质上培养了具有审美素质与修养的学生，他们会用独特的"眼光和心灵"去创造无限的人生。

审美综合课程教学过程中，独特的情境和形式能造就学生良好的人格品质，广博的信息和训练方式开拓了学生的视野，丰富了学生的知识信息，启迪智慧、发展思维。美育课教学过程完全符合学生认识事物由具体到抽象、由表象到内部、由浅显到深刻的规律，有利于培养学生的思维能力。学生在课堂上接触到的材料在脑海中生发，联想到眼前没见到的事物，从而领悟"象外之象""景外之景""味外之味""韵外之韵"去感知事物的审美意蕴。学生还可以通过一种感觉唤起与对象有联系的其他感觉，它能扩大、丰富、加强、加深审美感受内容。久而久之，学生的联想、想象能力必然得到相应提高。想象是创造的翅膀，学生创造性思维能力的提高必然会促进学生智力的发展。再者，学生在审美活动中充分享受到的心理自由、精神愉悦，更有助于造就自由思维品质，而自由思维才能启动灵感和悟性，才能释放创造力。

大美育审美综合依托TVS视点结构教学和跨界思维，以审美视点定义及其关键词为逻辑线索，将多学科逻辑串联成一个有机整体，对多学科有机综合的积极探索。对于如何实施学校综合实践课程和在单科课程中如何实现综合教学与培养学生综合思维和创造力，有极高的参考价值。审美综合课程可以直接取代综合实践活动课程，使所有的综合实践活动都转化为审美实践活动，并且美感的、科学的实现多学科的相互联系。

2.《审美·综合》课程体系

《审美·综合》是大弯小学系统整合多学科和办学所有因素而构建的课程群——大美育五圈课程（综合美育课程、艺术课程审美化、学科课程审美化、活动课程审美化、潜在课程审美化）。其中所创建的核心课程"综合美育课程"的教学用书是多学科整合的核心要件；是在学前、小学、中学、大学、职业教育等不同教育阶段交叉点上的综合课程与教学；是"以审美和人文素养培养为核心，以创新能力培育为重点""以艺术课程为主体，各学科相互渗透融合，重视美育基础知识学习，增强课程综合性，加强实践活动环节"，并"让社会主义核心价值观、中华优秀传统文化基因通过校园文化环境浸润学生心田"（国办发〔2015〕71号），让学生学会审美，学会爱的课程与教学，是以审美知识为视点，美感体验为起点，提炼出审美知识视点定义及其关键词，据此逻辑向各学科延伸、链接、辐射和展开建构的跨学科跑道或综合课程、教学用书与教学。美，是整体中各个部分和各个要素的有机匹配关系，且具有形象性、生动性、新颖性、自由创造性等，令人身心愉悦。《审美·综合》课程以追求美的内在逻辑性与外在形象生动性的完美统一为特质，在激发学生身心愉悦的同时，将美的内涵潜移默化、一以贯之到大美育五圈课程的方方面面、学校教育的全过程。而所谓"互联网+"，就是借助互联网这个信息化大平台，更为便捷，更有深度和广度地修建这一多学科知识整合、思维整合、价值观整合、行为整合的大美育课程跑道。

2.1早期大美育课程体系

大弯小学大美育科研组成员于1995年参与创编的《小学生美育操作活动100例》和2005年参与创编的《文理艺大综合实验教材》，是早期大美育课程体系中的教学用书，是以"美育贯穿学校教育全过程"为指导思想，根据当时中小学课程幼儿园和大学现实，建构的大美育课程体系课程模式之一的中小学大美育五圈课程教学用书，供各实验学校选择使用。

"大美育五圈课程模式"又称"核心辐射课程模式"，其最大创新在于增设了以提高学生审美能力为主要目标，并同时影响学生综合素质发展的综合美育课程，并以此为统领、延伸，实现学校艺体课程审美化学科课程审美化、活动课程审美化、潜在课程审美化等。这一模式当时主要是在中小学开设，以专门开设的独立"综合美育课程"为核心，统率现行的音乐、美术课，及其在其他学科课程、活动课程、环境前课程中的美育渗透和实施。

独立开设的综合美育课程为第一层，是该系统的核心，它集中系统地传授美的知识技能，培养学生对各种美进行欣赏，表现和创造的基本知识结构、技能结构和心理能力结构，是学校美育的主渠道。实践证明开发专门课程后，美育才使受教育者真正感受到了它的存在和价值，美育目标才开始系统实施。

2.2 互联网+大美育五圈课程体系

互联网+大美育五圈课程体系是在互联网环境下，即互联网平台与技术应用，并结合近年教育教学改革的新取向，对原大美育课程体系进行调整改造和建构的学校互联网+大美育五圈课程系统。互联网+大美育课程体系与原大美育五圈课程相比，新的大美育五圈课程体系背靠着"互联网环境"大背景，每一类课程的目标、内容和实施方法等都做了重要修改和调整，充分利用了互联网技术平台。

在原大美育课程内容体系基础上，结合信息化、互联网和近年教育改革和人类对知识认识、应用和创新的新思路、新取向，构建了"互联网+大美育课程"的三维内容体系：各教育阶段（X轴）的审美知识视点选择范围（Y轴）及审美视点向各领域的跨界延伸（Z轴）。三个维度共同建立了"互联网+大美育课程"的立体内容空间。

在大美育的Y、X、Z三维课程内容中，Y维的审美视点与Z维学校各类课程内容之间是内在联系关系。是以审美视点及其关键词为逻辑起点，向学校文科课程内容、理科课程内容、艺术课程内容、潜在课程内容以及活动课程内容等逻辑延伸，以建立多学科知识之间的网络结构。由此，《审美·综合》课程不仅具有了完成其系统培养学生审美能力（审美素质），并逻辑地实现了其作为文理艺大综合课程的建构与功能。

《审美·综合》课程内容各阶段选点，是从较为初级的向较为高级的美的知识提升。幼儿园和小学侧重美的分类中的自然美、社会美、音乐美、美术美等。从幼儿园到大学，各阶段审美试点相互关联，具有连续性、螺旋上升性和统一性。

在信息化和互联网时代，大美育课程教材内容具有多样化的物性，更能唤起多感官的审美感性和体验，贯穿整个课程内容和教材始终。以唤起除视觉外，还有听觉、触觉、嗅觉、味觉等多种感官活动培养和开发人的审美感知及感性体验能力。在信息化和互联网时代出产的《审美·综合》教材，是一本多物质化形态有机并用的教材，是能够包容视觉、听觉、触觉、嗅觉、味觉等多媒体的实物信息，纸质信息和电子信息的统一，且是课上环境课下活动、网上虚拟网下现实等的统一体，实现互联网+课程教学的深度融合。与此相关，各教育阶段课程内容教材和学生学习发展评价等，实现了内在关联与统一。在当前国际国内教育教学改革的多重价值追求引导下，实现学生学程、教师教程、教学参考的统一。

大弯小学大美育科研组成员于2015年参与创编的《〈审美·综合〉——从体验到向往》是《互联网+大美育理论、课程、学程、教程》书系中的小学大美育审美综合课程教学用书。

3.《互联网+大美育理论、课程、学程、教程》基准与创新

这套贯穿学前、小学、中学、大学、中职和高职等各个教育阶段的《审美·综合》教材，是在赵伶俐教授等于1996年主编出版的《幼儿园综合美育200例》《小学生美育110例》《中学生美育》《高校美育——美的人生设计与创造》和2006年主编的《文理艺大综合课程与教学设计（小学中学）》的基础上的再次创新。

20年前和10年前的教材，以及当前这套2016版《审美·综合》教材，都贯穿了同一个基本思想：美不仅是事物外在样态的形象、生动、新颖、自由等，更是事物内在要素和结构，即本质特征的规定性。贯穿幼、小、中、大和职教的《审美·综合》课程教材，基于相同逻辑基础；是在共同的审美知识系统中选择出来的内容，并遵循相同的TVS内在逻辑，即以审美视点为逻辑基点，逻辑地延伸向各个领域，即与多学科跨界联系；各阶段内容之间也存在内在联系；且共同面对的都是如知识掌握、实践活动、思维方法、创新创造、人文科学、"互联网+"等当代教育教学改革的难题。审美，从对事物的外在形式的观照和体验开始，但不只是对事物外在样态的直观和情绪体验，更是从外向内的对事物内在要素与结构的探究，不仅要感受美，更要知道为什么美。这就是审美活动从外表肤浅的感官享受，提升到理性深度和深刻智力享受的过程，美的科学性的认知、探究和深刻体验的过程。

落实到教材中，就是每一课（活动、章），都力求通过学生的典型"审美体验活动"来进入，然后通过教师的提示，聚焦"审美视点"，在体验中感知认识"审美视点"，审美视点定义及其关键词，并以审美视点定义的关键词，来体现审美与各学科、各活动领域的科学的、逻辑的联系（综合）。

2016版《审美·综合》教材的最大创新之处，不仅在于进一步凝练和调整了审美视点，强化了幼小中大和中职高职各阶段教材的审美视点之间的关联性与系统性，更重要的是教材分为纸质和二维码两大部分。扫描纸质教材上的二维码，可以直接进入教材的后台空间，相当部分内容在网络平台上实现，是"互联网+大美育课程与教学"的深度融合，以更丰富、时尚、现代的审美体验活动为途径。

帮助学生在审美感知基础上，理解审美视点知识及其与学校其他学科知识之间的内在联系，形成审美观念、获得审美愉悦，培养学生感受美、向往美、理解美，有表现与创造美的愿望与行动。同时，也能提高教师的审美能力，"互联网+"教学的操作能力。

同时，大美育课程是一个以核心课程为焦点辐射展开的互相关联的系统。

各阶段和类型的教材，共同指向学生的"审美素质和人文素质"的发展，并通过贯穿学校教育全过程的"大美育五圈课程"，促进学生德智体美劳素质（核心素养）的全面协调发展。《审美·综合》教材在审美视点系统中精选了学前32个点、小学42个点、中学34个点、大学14个点、中职14个点、高职18个点（章），并向学校各科知识和学生生活的方方面面延伸。

4.小学《审美·综合》教材框架

幼小中学和中职有基本相同的教材形式架构：各科皆有学程（延伸活动，有部分在二维码中）、教程和教参（二维码）三大维度或部分构成。每部分又由若干二级维度共计11个二级维度构成。

4.1学习与发展（学程）

本套教材以学生学习为起点。编写者化身为学生，从【审美描述】开始，看到一幅体现本课主要内容的图像，紧接着是一段包含着审美知识点、关键词和主要审美体验词的文字概述，激发学生的美感体验、好奇心和探究的愿望。并顺势进入【学习提示】，引入【审美体验活动】，这是学程重点，通过这个典型活动，学生初步理解审美视点定义、关键词及主要美感体验词；再通过审美视点关键词跨界进入【审美延伸活动】，从审美视点，进入艺术审美、自然审美、社会审美、科学审美；进入学校的音乐、美术、语文、数学、科学等学科；尽量跳出课堂，将课外活动、家庭活动、节假日活动、社会活动、旅游活动、夏令营活动等联系起来；在丰富学生审美体验和认识的同时，尽量与"动手"联系起来，以尽可能多的实际操作活动，引导学生动手表现美，尝试创造美，方式如扫地、洗碗、给洋娃娃做衣帽、改造旧衣服、折纸船、放漂流瓶、做中国灯笼、做圣诞花环等，以及"动手"与互联网亲密接触，如检索信息、学习软件、写微信比赛等。在强化学生对审美视点和相关美的事物体验、认知、表现和创造的同时，理解美无处不在的道理，建立广阔的审美空间。这就是《审美·综合》以审美视点逻辑联系各领域、各学科的"综合性"。

4.2教学与指导（教程）

从教师引导【学生审美成果展示】开始，学生自选满意的审美活动成果展示，互评、自评，然后是学生【教师点评】，这是教学的中心，针对学生的审美表现成果，用审美视点定义、关键词以及主要美感词进行点评，突出优点，指出主要问题；根据教师点评【学生改进成果再自评】自己的成果；最后教师给学生成果以成绩，如小学第31课《圆的世界》，按照认知与思维、美感与体验、表现与创新三个一级维度打分，各一级维度满分10分，共30分。教师将每个10分均分在各二级指标中，对学生提交的最后成果计分。

4.3教学参考

教学参考主要包括【教学目标】、【教学内容】、【审美活动参考】三部分，通过扫描二维码获取。

【教学目标】包括：①美育目标，结合学生学龄和已有发展水平，参考美育定义中的主要目标和美育课程的三维体系中的Y轴内容等撰写。②同时目标，结合学生学龄和已有学科知识结构与发展水平，参考美育定义中的同时目标和美育课程的三维内容体系中的Z轴内容等撰写。

【教学内容】包括审美视点、审美体验词、典型材料和延伸材料。审美视点，有视点定义、关键词、难点解释、重点提示，主要向教师明确指出审美视点的内涵、科学性和逻辑性问题。审美体验词，是审美感性和风格感知体验欣赏的体现，提示教师，在引导和解释审美视点、定义、关键词的同时，充分使用审美体验词（美感词），以引发学生的审美体验活动。这也是教师提高审美素质或能力的过程。典型材料是指用以学习和解释审美视点的主体材料。一般用可视性材料，听觉材料也要转化为可视的乐谱等。提供背景知识，提示使用的要点。一般来说，要与第一个【审美体验活动】呼应，或者就是什么体验活动的材料。延伸材料严格来说是一个庞大的审美对象库，但这个延伸材料是与审美视点内涵紧密相关的，在此基础上，教师备课时可以审美视点内涵为依据，添加更多延伸材料。提示学生在理解审美视点及其关键词的前提下，自主添加延伸材料，或者将自己成绩较好的作业，添加到延伸材料库中。

【审美活动参考】由典型的审美体验活动和审美延伸活动两大部分的活动设计、组织、成果点评等提示构成。典型的审美体验活动，是每课学生进入实景审美的第一环节，也是审美感性体验和认知，让学生充分体验身心愉悦感觉的重要环节，特别注意活动的感性特点，所谓感性特点就是眼、耳、鼻、舌、身等五官感觉、知觉（直觉）和运动、游戏以及情绪、情感体验、兴趣等活动令学生身心产生实际的愉悦体验。为此，活动场景、方式、时间等都要给予充分考虑，一般不在常规教室里进行。可以考虑布置和建设比较固定或稳定审美体验活动场景，如审美馆、美术长廊、戏剧教室，或者与较近社区的公园、植物园、博物馆、古镇、街道、图书馆、体育场、敬老院、科技馆、网络社区等。需要参考答案的，要提示参考答案。其他活动参考，指除了每课的典型审美体验活动外，所有的延伸审美活动。所有审美活动的设计与指导，包括课前活动、课后延伸活动、活动场景、方式等，都要求尽可能形象生动、思路别致、方法多样，同时还可以有课时以及参考答案等提示。

4.4《审美·综合》教材的三大互联网平台

《审美·综合》教材，无论是学前、小学、中学、大学、中职和高职哪个阶段，每一课（章）都有三大板块，即"审美延伸活动"的大部分延伸活动、"学生学习成绩"的计分结果、各教师的"教学参考"，是通过二维码方式，在互联网上实现的。也就是说，在《审美·综合》的纸质教材背后，有三大网络平台的支持："审美延伸活动"平台、"学生学习成绩"平台、"教学参考"平台。这三大平台，不仅是教育阶段各相关课程延伸活动、发展监测、教学参考的横向联通；而且是所有教育阶段各相关课程、延伸活动、发展监测、教学参考的纵向联通；以及通过师生、家长、社会各事业行业人员的参与，实现学校美育和教育与多教育系统和社会信息系统的多向联通。这应该是我国第一套以审美课程建设为切入点，系统探索学校课程教学与互联网深度融合的实验教材。

这是一本学习审美的教材，也是一本加深对各科知识理解的学科综合教材。可以作为小学"综合美育"课程的教材使用，与音乐、美术等艺术课程和教材，形成互补相生关系。同时，也可作为"综合课程""综合实践活动"课程的教材、各学科AI课程的补充教材、校本特色课程教材、地本特色课程的教材使用。这是各级各类学校的"互联网+教学"的样板课程和教材，一本学校美育与家庭美育、社会美育互动一体的教材。学生可以在课堂上，在老师引导下与同伴一起学习；也可以邀约兄弟姐妹、爸爸妈妈、爷爷奶奶、外公外婆一同来学来做。每一课的学习内容，有好多都在教材二维码的后台上，因此可以在课外随时随地上网，从后台进入自学。学生、教师、家长、各领域社会人员等，只要有兴趣且认真思考和体验，在通过一定授权后，都可以在延伸活动中继续补充更多审美活动，在教学参考中补充更丰富的教学参考，这就是学习者共同补充教材、丰富、更新的过程，是学生、教师、家庭和全社会一起，从体验到向往，与美同行、与幸福同行、与美丽和幸福人生同行的过程，实施学校和全社会大美育的过程。

附录：拉着线条去散步（线条line）

——美术组：黄昊

【审美描述】

下雨时，雨点从空中掉落的轨迹，是一条条美丽的线；起风了，树叶从树枝上飘下的轨迹，是一条条美丽的线……生活中你会发现很多线条：笔直的公路、蜿蜒的盘山路、平静的湖面、波涛汹涌的海面等都由线条组成。它们有的流畅舒缓，如行云流水；有的刚强有力，如铁划银钩；有的潇洒奔放，自由快乐；有的秀丽妩媚，婀娜多姿。这些灵动的线条给我们带来了不同视觉感受。线条不仅出现在我们的生活中，还出现在画家的笔下，音乐家的旋律中，运动员的手中。人们对线条这种造型语言的娴熟应用，使我们了解了线条不但可以塑造生动的形象，而且可以传达思想感情，这也正是线条的魅力所在。

学习过程与发现：

【学习提示】

审美视点：线条、点在运动中形成的轨迹，给人以灵动的美感体验。

关键词：点　运动　轨迹

审美体验词：灵动　流畅　饱满坚硬　刚健　柔和　跳跃　轻盈　飘逸均匀　连绵　光滑　苍劲

典型活动：感受生活中的线条

延伸活动：绘画　书法　体育　音乐　各学科领域

【审美体验活动】

活动1：观看流星划过夜空的视频。你看到流星这个点在天际滑过形成的那条美丽的线了吗？当一个光点快速移动时，就能形成这样的线条。你还能找到这样的例子吗？

图1

图2

图3

活动2：感受生活中的线。

活动3：线条无处不在，它藏在我们的教室中，你能找到它吗？

活动4：用彩带、铁丝分别体验曲线、直线、折线给你带来的不同感受。

【审美活动引导】

活动1：欣赏图片，在图1中发现了（　　）线。在图2中发现了（　　）线。在图3中发现了（　　）线。

活动2：经过观察，发现教室中的线条有＿＿＿＿＿＿＿＿＿＿＿。

活动3：舞动手中的彩带，认真观察手中的彩带变成了（　　）线，给你带来了（　　　　）的美感。用易弯曲变形的电线可以变成（　　　　）线，给你带来了（　　　　）感受。

【审美延伸活动】

延伸活动1：赏析大师用线条表现自然的作品活动———吴冠中《春如线》

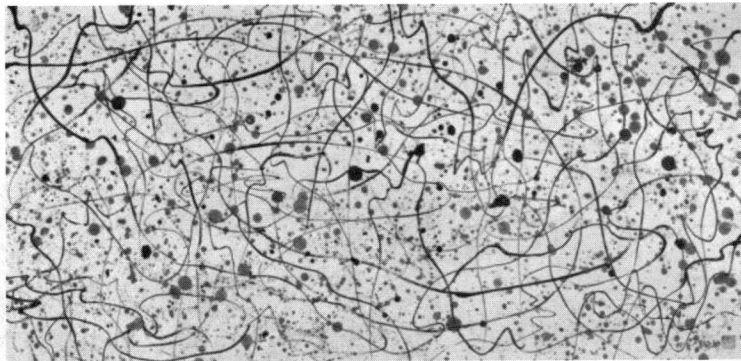

我发现的线条有（　　　　）。

这些线条有着（　　　　）丰富的变化。

我仿佛看到了春天美景是（　　　　）。

此时此刻我内心的感受是（　　　　）。

延伸活动2：用线条勾画出自己的爸爸或妈妈。回家后把画带给爸爸妈妈欣赏，并将他们的评语收进艺术档案夹。

延伸活动3：临摹书法家王羲之的《兰亭序》中你喜欢的字。在临摹的过程中体会轻重缓急给线条带来（　　　　）的变化。

延伸活动4：跳一跳。

用一根跳绳，跳一跳，当跳绳在空中划过的时候我看到了（　　　　）线条变成了（　　　）线条。

延伸活动5：听一听，看一看，画出线条的情感。

(1) 听《欢快的山寨》90秒，请你用线条表现你听后的感受。

(2) 听《高山流水》音乐片段，这段音乐的节奏怎么样？请你用线条表现你听后的感受。

(3) 上网查找桂林和张家界的山的图片，用线条画出来，比较两者的不同，各带来怎样的美感。

教学过程与指导：

【学生活动成果展示】

1.展示典型活动成果

请找一找教室中的线条，并指出你所找出的线条和同学们分享。

2.展示延伸活动成果

展示1：跳一跳。用一根跳绳，跳一跳，观察跳绳在空中发生的变化，并用纸记录下来。

展示2：用线条画出自己的爸爸或妈妈，小组内展示，并推荐在班上展示。

【教师点评】

线是点的移动所形成的轨迹。由于点的移动方向和速度不同，随之产生不同的形状和特点的线，并给人以不同的审美感受：平直的线给人流畅的感觉，滞涩的线让人觉得抑郁，轻掠的线显示飘逸，粗壮的线显示力度。线的空间位置和方向变化，也会给人造成视觉心理上不同的感情联想：见到水平的线感到平坦、寂静，竖直的线感到高耸、挺拔，倾斜的线产生高低和偏向感，折线带来变异和紧张，曲线会出现韵律和动感。线在绘画中广泛应用。千变万化的线不仅有描绘物象形体的机能，还有表现画者精神境界的效果，线在绘画中有特殊的作用和价值，线有它的美感特征和功能。

【学生自我再点评和修改】

紧扣视点"线条"和关键词"曲线、直线、粗线、细线、实线、虚线、折线 、灵动"，对自己和同学的活动成果进行评价，得出建议。

我的收获是：＿＿＿＿＿＿＿＿＿＿＿＿＿＿＿＿＿＿＿＿＿

【学生发展评价】

小学第19课	审美视点	关键词1	关键词2	关键词3	关键词4	美感体验	总分	相关发展
拉着线条去散步	线条	点	线	运动	轨迹	灵动		
成绩								

附：教学参考

【教学目标】

1.能准确理解线条的审美含义。

2.会用不同的线条表达不同事物或者不同感受。

3.有寻找身边事物线条的浓厚兴趣、意识。

【教学内容】

审美视点：线条、点在运动中形成的轨迹，给人以灵动的美感体验。

审美体验词：灵动　流畅　饱满坚硬　刚健　柔和　跳跃　轻盈　飘逸　均匀　连绵　光滑　苍劲

【教学材料】

典型材料：生活中的线

延伸材料：绘画　书法　体育　音乐

【活动过程指导要领】

【审美体验活动】指导

活动1参考：（图一）笔直的公路。直线，直线带来的感觉是挺拔、坚硬，充满活力。

（图二）艺术体操。曲线，曲线带来的感觉是柔和、舒缓、温柔、飘逸流畅。

（图三）建筑物。折线，折线带来的感觉是激动、有力与跳跃。

活动2参考：教室的线条（地板、黑板、桌椅、风扇、服装、头上、窗外……）。

活动3参考：舞动彩带，能充分体验曲线给人的自由活泼的美感，另外利用易弯曲变形的电线使每人分别体验折线的坚硬、直线的挺拔严肃等不同感受。

【审美延伸活动】指导

延伸活动1参考：吴冠中曾经说过："'春如线'是《牡丹亭·游园惊梦》中的一句唱词，给我留下深刻印象：'春如线，剪不断，理还乱，李煜之情丝丝如线'。"线，形象地表达了情之缠绵。我的绘画经常坠入线之罗网，从具象的紫藤之纠葛发展到抽象的情结，纵横交错，上下遨游，线在感情世界中纵情奔驰。我有不少画作以"春如线"命名，以线书写春意，情脉脉，我乐于借用。因为"线"的这种情脉脉，所以在吴冠中的眼中，这个世界，几乎都是变成了线和线的组合。线条从春天生发、变奏、传送，有了花的夏，红树间疏黄的秋和树干萧索的冬，于是，在吴冠中的画中，我们看到了如此繁多的线条：变形的、扭曲的、奇诡的。

延伸活动2参考：在画作中让孩子们初步感受、认识线的美感及表现力。

延伸活动3参考：此活动建议在和书法老师一起书写中让学生自己体验书法中的轻重缓急所带来的线条的变化。

延伸活动4参考：建议在操场上让学生自己体验。

延伸活动5参考：

(1) 播放《欢快的山寨》90秒这段音乐的节奏是欢快的旋律，跳跃的节奏是用折线、短线表现。老师可以帮学生添一添。用很多根重复的折线排列，表示欢快的节奏。

(2) 播放《高山流水》片段，这段音乐的节奏是缓慢的。用长线、曲线、波浪线表现。线条有着不同的情感：直线—平缓，简单；曲线—飘逸，优美；折线—紧张，急促、跳跃。

(3) 画桂林的山和张家界的山，抓住其柔和、陡峭的特点来画即可。

【活动成果展示】

预设展示典型活动3和延伸活动2、3的成果，活动作品都可以画展的形式呈现。

【活动成果点评】

典型活动点评：首先抓住线是点的运动轨迹这个关键点，再引导学生理解不同线条的特点及美感，从曲直长短、方向、粗细变化来进行点评。

延伸活动点评：从线条的表现方法来进行点评，重点看学生是否掌握了用线条较准确地表现不同特点的事物。像"灵动、流畅、饱满坚硬、刚健、柔和、跳跃、轻盈、飘逸、均匀、连绵、光滑、苍劲"等审美体验词在学生自评、教师评价时反复强化。

[本章（三）主要参考赵伶俐/温忠义所著《互联网+大美育课程论》，北京师范大学出版社2016年版。]

四、相守·借水开花自一奇

在教育的这片沃土上，每一颗种子都孕育着无限可能。这里，我们不仅记录了知识的传递，更见证了智慧的火花在师生互动中激荡跳跃。每一堂课都是一次心灵的对话，每一次讨论都是思维的碰撞。我们相信，教育不仅是灌输，更是启迪；不仅是解答，更是探索。在这些文字中，你将看到学生如何在课堂的熔炉中锤炼自我，如何在知识的天空中翱翔。这是一段关于成长的旅程，每一页都充满了汗水与欢笑，每一行都书写着努力与希望。

（一）"语"绘诗意，"文"润童心

　　在选择职业时，我们应该遵循的主要指针是人类的幸福和我们自身的完美。不应认为，这两种利益是敌对的，互相冲突的，一种利益必须消灭另一种利益的。人类的天性本身就是这样的：人们只有为同时代的人的完美、为他们的幸福而工作，才能使自己也过得完美。

——马克思：《青年在选择职业时的思考》

　　朝阳初升，金光洒满校园，给寂静的校园带来了温暖和活力，阳光下，孩子们共鉴一段诗意和经典的流传，感受一缕书香和心灵的契合。孩子们吟诵着古老的诗句，他们的声声诵读像是天籁，回荡在清新的空气里。这便是我们学校的一大特色——诗意化语文教学，这就像是一扇开启想象之门的钥匙，带领孩子们在富有故事、情感、哲理的文字中遨游。激发着孩子们对文字的热爱和对美的追求。

　　在这里，语文不再是孤独的文字，它是空中楼阁般的梦幻，是荡气回肠的美妙乐曲，是意蕴悠远的诗韵。它可以让孩子们尽览大好河山，访遍古仁人。吹江上风，赏山间月。通过文字的赏析，可以让孩子们感受到诗歌的韵律之美、意境之美。在优美的文字中，可以让孩子们感受语言的魅力，让他们学会善良、勇敢、坚韧不拔的美好品质。

　　课堂上，我们别具一格。或许是一场诗歌朗诵会，让孩子们用心感受诗仙、诗圣笔下的浪漫张狂与意难平，在诵读吟咏中升华感情，陶冶情操；或许是一场古诗词的接龙，让孩子们穿越时空，体验古人笔下的壮美山河、细腻情感和深邃哲理；又或许是一次现代诗的创作会，让孩子们以笔为翅，飞越现实与想象的边界。在这样的课堂上，每一个字、每一句话都滋润着童心，每一个孩子都是诗人，都是故事的编织者。

教育的发生没有围墙，不束缚于教室、不受限于教具、不拘泥于学法。道法自然，皆为课堂。我们常常走出教室，到大自然的怀抱中去体验文学的力量。在蓝天之下，孩子们视野开阔，思维灵动。他们观察自然，描绘万物，了解节气，吟诵古诗，孩子们的感知像一颗种子播种在他们的心里，时间会慢慢浸润它、滋养它，静待开花结果。

除了课堂教学，我们还特别重视语文实践活动。戏剧表演让孩子们在扮演中学习语言的魅力；朗诵比赛让他们在抑扬顿挫中体会文字的节奏；写作工作坊则是他们展现创意和情感的舞台。这些活动不仅锻炼了他们的语文能力，更培养了他们的自信和合作精神。在实践活动的因势利导下，真善美的种子已然发芽。

诗意化的语文教学，就像春风拂面，温暖而柔和。它用细腻的文字、富有想象力的诗歌，把孩子们带入一个全新的世界，让他们在其中徜徉，享受阅读的快乐。它像一盏明灯，照亮孩子们前行的路，让他们在欣赏文学作品的同时，充实和丰富着精神世界。

随着时间的流逝，我们的诗意化语文教学已经结出了累累硕果。孩子们的作品结集成册，成为校园里最亮丽的风景线；他们在各种语文竞赛中斩获奖项，证明了我们教学的成功。更重要的是，他们学会了如何用诗意的眼光去看待世界，用诗意的心灵去拥抱生活。

这就是我们的语文教学，让我们和孩子一起在诗歌的海洋中遨游、在文学的大地上漫步。让文字的魔法带领我们进入文学的奇妙世界，让我们共同描绘出一幅幅充满诗意和梦想的文学画卷。

1.什么是诗意语文

1.1 诗意语文的含义

伴随着课改不断地深入进行，涌现出了一大批的优秀教师，他们用不同的教学理念为语文课堂增添了无限的活力。在这之中，王崧舟老师的"诗意课堂"理念极具价值。"诗意课堂"主要包括"举象、造境、入情、会意、求气、寻根"六个要素，可以概括为重视文本解读、抓住关键字词，重视情境营造、巧妙设计提问，重视反复诵读、强调师生对话，重视传承文化、强调读写结合。文学阅读和创作是语文教学中不可或缺的环节，具有重要的教育意义和学习价值。文学阅读可以培养学生的审美情趣和情感体验，拓宽视野，提高语言表达能力。文学创作可以激发学生的创造力和想象力，培养其独立思考和表达能力，促进语文素养的全面发展。文学阅读和创作也是培养学生终身阅读和写作习惯的重要途径，对学生的人文素养和综合素质提升有着深远的影响。文学阅读与创作在语文课堂中的地位不可忽视，其重要性和意义值得深入研究和实践。为了追求更好的教学效果，我们要将"诗意课堂"融入文学阅读与创作之中。在接下来的文章中，我们将从不同角度探讨文学阅读与创作在诗意语文课堂中的实践研究，以期为提升语文教学质量和学生素养发展提供一定的参考和借鉴。

1.2 视点结构下诗意语文教学

视点结构教学（A–TVS），是西南大学赵伶俐教授提取经典科学理论和经典教学理论的内核，并结合各级各类各科优秀教学案例的要素而提炼创生的教学理论、教学定律、课程编制范式、教学模式和教学操作技术和艺术行为体系。

首先，诗意语文教学就是要召唤出儿童的诗性，发展他们的想象力和创造力，培养他们的感性，让他们拥有一个丰富敏感的诗性灵魂。其次，诗意语文是一种审美教育，是一种培养学生高雅审美情趣和善良悲悯情怀的教育，而这种语文教育不是空中楼阁，不是游离于语言文字之外的，而是通过实实在在的言语实践活动进行的。"诗意语文"的"诗意"并不仅仅是教师语言优美，教学课堂唯美这种表面的直接可感的，"诗意语文"更多的还是对学生内心的关照，是对学生情感的召唤，是引导、激发、唤醒学生对美的追求。

以视点结构的教学环节为框架和诗意语文指向美的特质创造性地结合起来，横向来看，讲究个性鲜明的教学设计之美，鲜活富润的教学内容之美，灵动有效的教学策略之美，和谐愉悦的教学情境之美，情感真切的教学语言之美，创意美观的教学板书之美，深刻科学的教学反思之美。纵向来看，教学环节表现为：1.视点引入，诗意期待；2.视点揭示，诗意萌发；3.视点强化，诗意生长；4.视点检测，诗意创造；5.视点回归，诗意升华；6.视点延伸，诗意延宕。

2.为什么开展诗意语文教学

2.1 基于现实需要

2.1.1 基于语文课标的核心素养

2022 年《义务教育语文课程标准（2022 年版）》提出立足学生核心素养，充分发挥语文课程育人能力的课程理念，明确了小学阶段语文学科核心素养包含文化自信、语言运用、思维能力、审美创造四大方面。

小学语文教育不仅是学生学好其他课程的前提，还是培养学生具有良好语文素养的基础。它不光要提升学生对语言的理解运用能力，还承担着对学生道德、审美、思维的教育作用。因此小学语文教育中核心素养培养是语文教学中的重中之重。在落实"双减"政策的同时，如何让学生在意趣横生的语文课堂中高效获得知识与能力，突破应试教育困境，开展培养小学生语文核心素养的语文教学，是语文教师面临的重大难题，寻找落实核心素养的有效途径十分紧迫。

2.1.2 基于"视点结构"的理论支撑

视点结构教学是指确立一个清晰的点（知识点、技能点、问题焦点或其他点），从此点沿着一定逻辑联系轨道或结构展开知识和思维视野的适用于各级各类各科教学的教学技术或教学技术型行为系统。由教学视点"导入—揭示—延伸—检测—回归"几个环节构成，逻辑循环不断推进教学活动进程，最终实现教学目标。

2.1.3 基于"诗意语文"的创新发展

"诗意语文"的研究历史可追溯到20世纪初期。当时，德国哲学诗人荷尔德林提出了"人充满劳绩，但还诗意地栖居于大地上"的名言，这句话被认为是诗意语文的一个重要来源。从国内来看，不管是最早提出"诗意语文"的王崧舟所认为的"诗意语文"是一个动态的过程、是一个不断追求理想的过程；还是潘新和教授在《语文的诗意》讲座上指出的"诗意语文的实现基础和终极目的"和在教学层面上可以着手的几个建议；抑或是刘青艳在《新课程诗意语文教学探索》一文中，阐释的诗意语文教学的实践策略"感悟教学、唤醒教学、自由对话"；等等。都为诗意语文研究奠定了基础。

对于"诗意语文"，应该说，目前国内很多专家学者和一线教师都能从意识层面上予以肯定，觉得语文课堂本就应该是富有诗意的，但对于诗意语文的有关理论和教学实践研究则为数不多。即使有一些研究，目前也大多认为诗意语文就是要把语文课上得生动流畅，充满情感，蕴含丰富，而少有指出诗意语文课堂的具体构建办法，给出对一线语文教师有一定借鉴价值和启迪意义的实施策略和操作途径。

总的来说，诗意语文的研究现状还处于不断发展和完善的阶段，需要更多的研究者加入进来，共同推动其研究和实践的发展。

2.2 基于师生发展的现实需要

践行"以美育人"特色校园文化。对学校而言，落实基础教育改革方针政策需要因校制宜，"一校一策"，不断进行基础教育理论研究，而学校自从引入"视点结构教学"就一直实践探索，现将诗意语文与其创造性地结合起来落实基础教育课程改革要求。对于教师发展而言，一线教师需要一种切实可行的能够落实核心素养的具体实施策略和操作途径，而对语文教师自身素养而言，也要探索如何提高诗意的教学技术。对于学生成长而言，语文的学习不应该是刻板的、枯燥的，而是要富有诗意，激发学生的内心，回归语文的人文性。"诗意语文"尊重学生的本性与回归人文性，以学生为主体，以文本为本体，寻找文本中能培养学生语文素养的教学点，以教师作为基石来调动学生的学习兴趣，借以架起师生与文本间的沟通桥梁，构建诗意课堂，有助于学生素养的提高。

审美化视点结构下的诗意语文教学研究旨在通过提升学生的审美素养和文化价值观，实现学生在语文学习中的情感体验与学习体验的优化。可以总结出该研究拟达成的理论或实践目标，主要包括以下几个方面。

①培养学生的审美能力和审美个性。通过诗意教学，引导学生进行审美阅读，使学生获得诗意阅读的审美体验，最终塑造学生审美人格。这包括提高学生的诗歌鉴赏水平，让学生通过对诗歌的解读去欣赏美、感受美，并能创造美。注重引导学生的自主性审美学习，在学生与学生、教师与学生的互动中发展学生的审美思维。这种教学是对认知教学和语文技能训练的发展与升华，通过以审美促认知、使认知和审美相结合，提高认知教学的层次、凝练认知教学的效果。诗意语文课堂以文本为基础，通过艺术手段营造情境和意蕴，激发学生的言语表达热情，唤醒心灵的诗意。它不仅关注是否有诗歌的存在，而是更重视"有诗性、有诗意"的课堂氛围。注重学生的言语兴趣，关照学生的内心感受，唤醒学生对美的追求，实现言语工具性和言语人文性的和谐统一。诗意语文不仅是一种教学形式，更是一种关注生命的教学艺术，旨在满足人们不断增长的精神需求，继承和弘扬民族文化，促进学生的终身受益。

②提升教师自身的审美素养。诗意语文强调的是"归真"的语文，追求"求善"和"至美"的语文教育理念。它注重教学的人文性和陶冶性，旨在心灵的塑造和生命意识的唤醒。教师的主体美在诗意审美教学中具有重要的作用，教师自身的人格修养对学生的审美教育具有重要的作用。因此，提升教师自身的审美素养是实现诗意语文教学目标的关键一环。唤醒诗意性生命情感：通过美的语言感悟诗意性生命情感；以美的形象塑造诗意性生命情感；以美的情感陶冶诗意性生命情感；以美的哲思淬炼诗意性生命情感。这一目标强调了在教学过程中，教师应通过多种方式激发学生的情感反应，引导学生深入体验和理解文章中的美。包括语言表达的诗意化、常规语文教材中诗意点的挖掘，以及"教路、纹路、学路"三者合一的教学流程设计等。通过对王崧舟等人的诗意语文教学实践的研究，总结成功的

经验和做法，为一线教师提供参考，进而推动诗意语文教学的发展。

③创设审美性教学环境。在课堂教学中创设审美性教学环境是实现诗意审美性教学的重要环节。这意味着课堂教学中要注意教学环境的审美创设，用自身的激情点燃学生的激情，这是培养学生审美情感的关键。确定诗意性教学目标的设计存在的问题，以及"诗意语文"教学目标设计的整合与融入。这表明在设计教学目标时，需要将诗意性教学目标与传统的教学目标进行有效整合，以确保教学活动能够全面覆盖学生的审美需求。审美化视点结构下的诗意语文教学研究的目标在于通过提升学生的审美能力和个性，优化教师的教学策略，以及创设富有诗意的教学环境，从而促进学生在语文学习中的全面发展。审美化视点结构下的诗意语文教学研究主要围绕诗意语文的定义与目标、教学实践、教学策略、教学艺术、教育价值以及理论与实践探索等方面展开。

3.怎样开展诗意语文教学

3.1 确立教学目标

首先，需要明确诗意语文教学的目标，即通过诗意的语言和文学作品，培养学生的审美能力和创造能力。这包括对美的感知、理解和创造能力的培养。

3.2 挖掘教材中的诗意元素

在常规的语文教学中，教师应深入挖掘教材中的诗意元素，将这些元素融入教学过程中，使学生能够在学习语文知识的同时，体验到语言的美感和深意。

3.3 构建审美化视点结构的教学模式

根据审美化视点结构教学的基本模式，即追求逻辑规定性与形象生动性的统一，设计出适合诗意语文教学的教学模式。这种模式可以引导学生从多个角度和层面去理解和欣赏诗歌与文学作品。

3.4 实施"三引美智"课堂策略

通过引趣、引智、引美的方式，激发学生的学习兴趣，提高他们的思维能力和审美能力。这种策略有助于学生在愉悦的氛围中学习语文，从而更好地吸收和理解诗意语文的知识和精神。

3.5 充分利用现代技术手段

结合"互联网+"等现代技术手段，创新诗意语文的教学方法和手段。例如，通过多媒体辅助教学、网络资源的整合使用等方式，丰富教学内容、提高教学效果。

3.6 强化情感教育

在诗意语文教学中，情感教育法是非常重要的一环。通过情感引导，帮助学生更好地理解文本内涵，同时也增强他们的情绪管理能力和人际交往能力。

3.7 开展大单元教学设计

依据国家的课程标准和学生的学习水平，合理分解教学目标，设计出情境性任务目标，使学生在完成具体学习任务的过程中，逐步提升自己的语文素养和审美能力。

通过上述措施的实施，可以有效地推进审美化视点结构下的诗意语文教学研究，不仅能够提升学生的语文素养，还能够培养他们的审美能力和创造能力，为他们的终身发展奠定坚实的基础。

4.诗意语文的创新路径

4.1 实践创新

4.1.1 落实教育改革方针政策

以习近平新时代中国特色社会主义思想为指导，坚持为党育人、为国育才，全面贯彻党的教育方针，落实立德树人根本任务，发展素质教育，促进教育公平。深化课程教学改革，加强机制创新，指导、发动各地和学校深化育人关键环节和重点领域改革，更新教育理念，转变育人方式，坚决扭转片面应试教育倾向，切实提高育人水平，促进学生德智体美劳全面发展。教育部办公厅在此背景下于2023年5月印发了《基础教育课程教学改革深化行动方案》，提出深化课程教学改革，加强机制创新，指导、发动各地和学校深化育人关键环节和重点领域改革，更新教育理念，转变育人方式。在落实过程中坚持因地制宜一地一计、因校制宜"一校一策"，把国家统一制定的育人"蓝图"细化为地方和学校的育人"施工图"，明确课程教学改革的具体路线、措施，提出困难问题破解之策。而语文课堂作为育人的关键环节需要适应改革要求并结合学校特色因校制宜，大弯小学一直践行"以美育人，一以贯之"的教学理念，力求在育人关键环节——课堂中探寻一种形式美、沁润美、散发美的诗意语文课堂。

4.1.2 践行最新语文课程标准

《义务教育语文课程标准（2022年版）》的课程性质中提出，要强调内容的典范性，精选文质兼美的作品，重视对学生思想情感的熏陶感染作用，重视价值取向……同时创设丰富多样的学习情境，设计富有挑战性的学习任务，激发学生的好奇心，想象力、求知欲，促进学生自主、合作、探究学习……同时课程标准提出了四维语文课程标准，包括语言建构与运用，思维发展与提升，审美鉴赏与创造，文化传承与理解，其中王崧舟在解读并内化语文课程核心素养的关键所在时也提出，思维能力主要包括直觉思维、形象思维、逻辑思维、辩证思维、创造思维等类型。其中创造思维是指以新颖独特的方法解决问题的思维过程，而视点结构下的教学模式逻辑清晰，从视点引出、视点揭示、视点延伸、视点检测等环节，将教学科学、教学技术、教学艺术三位一体结合起来，逻辑紧密，能够创造思维训练的情境，抛出问题让学生解决问题，这有利于学生创新思维的培养。

新课程改革背景下，语文课程性质中的人文性被特别关注。而"诗意语文"就是在新课程改革背景下应运而生的一种比较富有特色的教学理念，它推崇语文课程标准的感性特征与人文价值，强调通过学生语言能力的培养，来实现对学生童心的养护与生命的化育，最终构建诗意的人生。也就是说借助文本，根据一定的语境，通过教学环节、教学方式、教学活动等的融合，用语言和声音的艺术手段再现形象、营造情景、启迪智慧、激发情感，唤醒学生心灵的诗意，让课堂充满诗意、充满审美、充满思想、充满智慧。

4.1.3 解决教师教学现存问题

目前教师在备课时存在教学目标和教学内容不明确，教学环节不清晰的问题，可是在语文教学当中，语文教师要想学生通过文本获得什么，首先自己必须知道文本蕴含什么。"学生理解有多远在于教师解读有多远"这就要求教师能够对文本做出精准把握，而"诗意语文"倡导者王崧舟提倡的文本细读，恰好能解决这个问题，如紧扣教材本身，有自己独到见解，在备课中寻找闪光点，同时在这个细读的过程中磨炼自己与文本的精神碰撞，情感交流，从而在教学中让课堂情意饱满。而视点结构下的教学模式，其首要步骤就是确立自己对教学内容和目标的着眼点，再以此为视点，通过视点引入、视点揭示、视点强化、视点检测、视点回归、视点延伸等教学环节来进行教学，这样就能解决备课时所存在的问题。

另外，虽然现在教师在努力落实新课程改革的要求，如"转变教师角色，成为学生学习的促进者和引导者"，以学生为中心，但是形式和方法还很传统，视点结构的环节围绕视点一步步展开，再结合诗意语文教学的复活感性、生命对话和美读成诵等方式来进行，特别是"生命对话"就迫使老师要扭转在教学中的角色，与学生平等对话，与学生交流并引导学生，老师还要扮演一个倾听者的角色，能够倾听学生不同的意见，努力开拓学生的思路，激活学生思维。

总的来说，"视点结构下的诗意语文教学"能够适应现代教育改革的要求，能够结合学校自身育人理念，因校制宜地进行"一校一策"的改革，确定改革路径，同时也践行新课程标准体现的培养语文核心素养及注重人文性的特点，另外对教师的素养提升和课堂形式的转变也有一定意义。搭建可供借鉴的结构化课程的理论框架和实践框架，让充满浪漫主义色彩的语文，套上具体可实践的框架，成为让很多老师能够上手推进的具体教学手段。能够通过视点结构教学和诗意语文教学融合的新型理念让文本细读和情景生成实现更巧妙。

4.2 理论创新

4.2.1 诗意语文的理论基础

如何构建和完善诗意语文的理论基础，明确其在教学中的地位和作用，是诗意语文课堂教学研究的重要理论问题。这涉及教育学、文艺学、美学等多个学科的交叉融合，需要我们深入探讨。

4.2.2 诗意语文的教学原则

诗意语文的教学应遵循哪些原则？如何在教学中体现诗意的韵味和意境？这些问题需要我们通过理论研究和教学实践来回答。

4.2.3 诗意语文的评价标准

如何评价诗意语文的教学效果？其评价标准应如何构建？这也是诗意语文课堂教学研究需要解决的理论问题。

4.2.4 诗意语文的教学方法

关于结构化教学理性层面和诗意化教学感性层面的结合。我们通过将理性的教学方式与感性的教学理念相结合，用到实际的教学上，才能深入地理解诗意语文的思想内涵，同时实践成果所归纳出的理论又能丰富和补充语文感性教学的理论、丰富教学思想。

通过具体的教学流程让学生真正达到与文本对话。教授语文就是让学生活在文本中，而不是学到脱离文本。学习语文，就要用正确的语文方法，让学生通过环环相扣的环节设计走进文本，更好地体验语文的人文情感。

4.3 诗意语文实施策略与方法

4.3.1 挖掘教材中的诗意元素

小学语文教材中蕴含着丰富的诗意元素，如优美的文字、生动的描绘、深刻的寓意等。教师应善于发现并挖掘这些元素，将其融入课堂教学，引导学生感受语文的魅力。例如，在教学《静夜思》时，教师可以通过配乐朗诵、画面展示等方式，引导学生感受诗人李白对故乡的深切思念之情，培养他们的情感体验和文学鉴赏能力。

4.3.2 创设充满诗意的教学情境

教师可以通过多媒体手段、实物展示、角色扮演等多种形式，为学生创设一个充满诗意的教学情境。这有助于激发学生的学习兴趣，使他们更加投入语文学习中。例如，在教学《春晓》时，教师可以利用多媒体技术呈现春天的美景，让学生仿佛置身于春天的怀抱中，感受春天的气息和生机。

4.3.3 开展丰富多彩的语文活动

为了让学生在实践中体验诗意语文的魅力，教师可以组织各类语文活动，如诗歌朗诵比赛、作文比赛、文学创作等。这些活动不仅能够锻炼学生的语文能力，还能培养他们的团队合作精神和创新意识。例如，教师可以组织学生进行诗歌创作和朗诵表演，让学生在创作和表演的过程中感受诗歌的韵律和美感，提高他们的文学素养和审美情趣。

4.3.4 加强师生互动与交流

诗意语文注重师生之间的互动与交流。教师应鼓励学生提出自己的见解和感受，尊重他们的个性化差异和多元化发展。同时，教师也要及时给予学生反馈和指导，帮助他们不断完善自己的语文学习和创作。例如，在教学过程中，教师可以设置小组讨论、角色扮演等环节，让学生在互动中互相学习、互相启发。

5.不同文学体裁下的诗意语文教学

5.1 古诗文中的诗意语文教学

任务群视域下的学练结合型语言实践与基于语文核心素养的古诗词学习活动之间存在紧密而相互依存、相互融合的关系。我们讲的古诗文学习活动，其实也是学生语文实践活动的一种重要方式。

5.1.1 为什么我们要选择古诗文进行课堂教学改革？

选择古诗文进行课堂教学改革，既是响应新课标对文化传承与审美教育的要求，也是培养学生语文核心素养的重要途径。老师在教学过程中积极选择古诗文作为教学内容，这些古诗文不仅蕴含着丰富的历史底蕴和文化内涵，还能帮助学生深入了解传统文化的精髓，提升文化自信。通过诗意化课堂，学生不仅能够学习到古诗文的基本知识，还能在诵读、赏析等活动中培养语言表达能力、思维能力和审美创造力。

5.1.2 为什么我们要在学习任务群的基础上把目光聚集于语文核心素养

语文核心素养是语文学科教育的核心目标。它不仅是学生综合素质的重要组成部分，还对学生学习其他学科以及个人发展具有重要意义。在两者关系上，语文核心素养为学习任务群的设计和实施提供了明确的目标和方向，使学习任务群更加聚焦于学生的全面发展和素质提升。

在诗意课堂上，教师通过设计诗文寻源、初读、解码、放歌、云游、绘景、造境等相关的任务活动，引导学生逐步深入古诗文的世界，感受其魅力，旨在培养学生的语文核心素养。

5.1.3 通过诗意教学培养小学生发现美的能力

①诗词朗读，感受韵律之美

古诗词作品，是我国语言文字的精华提炼，其用词造句极为优美，构思精妙，蕴藏着极为深刻的文化意境。借助朗读来引导学生进行古诗词学习，则能够让学生在朗读过程中感受诗词韵律之美，帮助学生深刻理解掌握古诗词内涵意境和创作手法，让学生获得更加丰富的语言文字积累，让学生体会诗词中所蕴含的美。

在进行《渔歌子》古诗词教学当中，首先对生僻字的发音进行纠正，例如：塞、鳜、箬笠等，为学生的朗读扫清障碍。在学生的朗读过程中，运用多媒体设备，为该诗配备上优美悦耳的音乐和规范的朗读，学生的朗读伴随着美妙的音乐进行，其中的意境也随之而出，"青箬笠，绿蓑衣，斜风细雨不须归。"搭配上淅淅沥沥的细雨之声仿佛真的能让人看到蓑衣之人在雨中前行的脚步，看到其雨夜不归的身影。同时，教师给同学们讲述该诗词的创作背景、作者简介等知识点，帮助同学理解诗词的思想内涵。"飞""肥""归"的"ui"的押韵也让同学们很快便熟悉该诗词，准确地把握诗句的节奏、语气等要领，诗词的意境之美得以烘托，感受到此诗词中作者对自由生活的向往。

②创设情境，体味意境之美

语文教学中很多内容都有着别样的意境，文中的很多内容本身具有深刻的内涵，辞藻的应用更是将这种情景烘托出来，唯美的意境带领学生进入其中，不仅能够切身体会意境之美，更能打开学生的内在情感，让学生能够获得真切的体验，这都让学生对于文章予以新的理解，让学生的美之感悟深层次化。

【教学案例】《父亲、树林和鸟》教学片段赏析

老师在本课的教学中，并没有局限于课文来让同学们进行学习，而是让同学们扮演成文章中的不同角色和人物来进行学习。

"看那里，没有风，叶子为什么在动？"

"有。树林里过夜的鸟总是一群，羽毛焐得热腾腾的。"

……

同学们在表演的过程中，教师使用多媒体给同学演示出森林的样子、鸟儿的样子、清晨的样子……同学们在这样的情境中来进行文章阅读，很快理解了"父亲"说的话，也感受到了文中最后一句"我真高兴，父亲不是猎人"的意义。借助这样的形式，同学们会真正聆听"父亲"的话，会感受黎明时候的树林样子，对于很多时候无法看到黎明清晨的同学们来说，这样的场景往往会让其沉浸其中，感受那时那景之美。

③细细品读，聆听文字之美

让学生对文章予以细细品读，有利于学生实现从发现美到鉴赏美的学习效果的提升。学生在对文章所进行的细细品读，是对文字的咀嚼，是对文字的感触，是思想上对文字的反刍和重新体验，这都带给学生新的文字感悟，也让学生体会到文字之应用价值，是学生发现美的重要方式和路径。

【教学案例】《彩色的梦》教学片段赏析

在本课的教学过程中，并没有直接让同学们进行文章阅读，而是将我们的教室安排到了大自然之中，在自然环境中来进行本诗歌的学习。

"大块的草坪，绿了；大朵的野花，红了；大片的天空，蓝了……"

这些语句与同学们所看到的蓝天白云映衬在一起，仿佛"梦"就是这样多彩的样子，同学们一下子感受到了文字的力量，这样的词语来形容"梦"，"梦"便不再是虚幻、无法触碰的，而是可以让我们看得见、摸得着的，那些绚烂的颜色就是梦的颜色，那些小鸟的鸣叫就是梦的声音，那些葱郁的

森林就是梦安置的家园，那些水果香、季节风就是梦的抚摩。这样的教学方式让同学们更加能够感受文字对于"梦"的描述的贴切之处，生活的结合也让同学们的眼睛变得更加明亮。

④情感投入，触碰内心之美

中华民族拥有悠久的历史，而其中更是以含蓄内敛而让很多语言变得唯美动人，其中深藏的情感透过文字的表述展现出来，那样"半遮面"，却也那样动人。这种情感的投入在很多古诗词中都有所表现，借助古诗词的情感内涵之美挖掘，更是让其中的情感之"线"触碰学生的内心，让学生感受情感之美。

【教学案例】 《江雪》古诗词教学片段赏析

本课的教学中，首先带领同学们对该古诗词进行朗读，同时搭配上思维导图的教学方式，引导同学们对该古诗词予以情感感知。

"一望无际的千山万岭，只看到漫山白雪，看不到飞鸟的踪影，千万条路径看不到行人的足迹。只看到湖面上一叶孤舟，一位身披蓑衣头戴斗笠的渔翁，在这漫天风雪之中独自垂钓……"

老师与同学们一同画出了漫山的皑皑白雪，画出了平静如"白"的湖面，巍峨的高山、平静的湖面都让这一幅图画显得更加沉静，唯看到一位老者静静垂钓，更显其孤独身影。画面一出，同学们一下子便感受到了这样环境下老者的孤独之心，也感受到了其内心的呐喊，那种无法言表的情感很快便与同学们的思想互通，达到了很好的情感体验。

5.2 阅读与创作实践中的诗意语文教学

将诗意融入语文教学，特别是在阅读与创作中，不仅能激发学生的审美情趣，还能培养其想象力与创造力。诗歌，作为语言艺术的瑰宝，以其独特的韵律美、意象美及深邃的情感表达，为语文教学提供了丰富的资源。老师们旨在探讨如何有效运用诗意理念，特别是在阅读与创作两大核心环节中，构建一体化的教学体系，从而全面激活学生的语言潜能，促进其综合能力的发展。教师引导学生精选文本，品味古典与现代交织，让学生置身于丰富的文化语境中，领略不同历史时期的思想脉络与艺术风格。教师引领学生深度解析，激发思辨能力，让学生开展批判性阅读，剖析文章内在意蕴与深层逻辑。教师带领学生感受情感共鸣，连接生活与艺术，鼓励学生将个人经历与所读内容相关联，寻觅儿童生活情景中的诗意瞬间。

5.2.1 文学阅读与创作在语文教学中的重要性和意义

诗意语文教学的核心在于培养学生的情感共鸣能力和审美情趣，同时激发他们的创造力和独立思考能力。通过丰富多彩的实践活动，让学生在阅读与创作中感受文字的温度，见证思想的碰撞，最终实现个人心灵的成长与升华。在此过程中，教师的角色不仅仅是知识的传递者，更是学生心灵世界的引路人，共同在这条诗意的道路上，探寻无尽的可能。

教师适时进行技法点拨，构筑艺术框架提供系统性的创意思维训练。教授诸如隐喻、象征、反转等高级写作技巧，助力学生在表达中自如运用，构建独到的文学形式美。学生自主探索，培育原创风貌鼓励学生进行多元化创作实验，不论是叙事角度的新颖设定，还是情感色彩的独特渲染，均旨在开拓学生的个性化路径，促进其艺术修养与独立思考能力的协同发展。师生合作交流反馈，构建共创生态构建开放式的创作社群，组织定期研讨会与作品展览，邀请学者评论员参与评审，形成良性循环的批评与建设机制，促进作品质量的持续提升。

综上所述，诗意语文教育不仅是对学生语言技能的锤炼，更是对其人文素养的深远影响。通过融合阅读与创作的双重路径，辅以科技加持，可望实现全方位的素质提升，造就具有深厚文化底蕴与卓越创新能力的未来人才。教师在此过程中扮演着关键的引导与支持角色，需不断创新教学方法，不断适应变化的教育环境，为学生的终身发展奠定坚实的基础。

5.2.2 文学阅读的策略与方法

在诗意语文课堂中，为了使学生更好地进行文学阅读和创作实践，教师可以采用以下策略和方法：

①选择适合学生的文学作品和阅读材料

在进行文学阅读时，为了使学生更好地做到"诗意课堂"中的解读文本，教师需要根据学生的年龄、兴趣和阅读能力，选择适合他们的文学作品和阅读材料。这样可以提高学生的阅读积极性和理解能力。教师可以根据学生的背景和需求，选择经典文学作品、现代文学作品和少儿文学作品等，以满足学生的不同阅读需求。

②引导学生进行深入阅读和分析

为了培养学生的文学素养和批判性思维能力，教师可以采取"诗意课堂"中的设计提问，引导学生进行深入阅读和分析。在阅读过程中，教师可以提出问题，帮助学生理解文学作品的主题、情节、人物形象等要素。同时，教师还可以引导学生分析作品的语言运用、修辞手法和情感表达等，以提高学生的文学鉴赏能力。

③运用多元化的学习策略和活动，如角色扮演、小组讨论等

为了激发学生的学习兴趣和参与度，教师可以采用多元化的学习策略和活动。例如，"诗意课堂"中的情景营造，教师可以组织学生进行角色扮演，让学生通过扮演不同的角色来理解文学作品中的人物形象和内心世界。此外，教师还可以组织学生进行"诗意课堂"中的师生对话，让学生分享自己的阅读体验和理解，促进学生与教师之间的互动和交流。

通过以上策略和方法，诗意语文课堂中的文学阅读与创作实践可以更加生动有趣，进而提高学生的文学素养和写作能力。教师的引导和指导将帮助学生更好地理解文学作品，并在创作实践中发现自己的文学才华。

5.2.3 文学创作的实践与指导

课堂的本质是对话，过去的课堂我们主要强调传道授业解惑，倡导以教师为中心，而忽略学生的主体地位，使得学生缺乏参与感，课堂枯燥无味。在诗意课堂中，教师的主要职责是引导学生以及根据学生不同的状态做出指导，以学生为中心进行教学。文学创作是培养学生创作能力和想象力的重要途径之一。在诗意语文课堂中，为了促使学生积极参与文学创作，教师需要提供合适的创作主题和形式。这样一来，学生才能有明确的方向和目标，更好地展示他们的创作潜力。

①培养学生的创作能力和想象力

在文学阅读的基础上，学生能够接触到各种不同风格和类型的文学作

品。通过对优秀作品的阅读和分析，学生可以借鉴其中的写作技巧和表达手法，提升自己的创作能力。同时，文学作品也能激发学生的想象力，帮助他们构建丰富的思维图景，为创作提供灵感。

②提供合适的创作主题和形式

为了激发学生的创作热情，教师需要提供丰富多样的创作主题和形式。主题可以涵盖生活、自然、人物、情感等各个方面，以满足学生的不同兴趣和需求。同时，教师还可以引导学生尝试不同的创作形式，如诗歌、散文、小说、剧本等，让学生在多样性中发现自己的创作倾向和潜力。

③提供有效的写作指导和反馈机制

在学生进行文学创作过程中，教师的指导和反馈起着重要的作用。教师可以通过示范写作、写作技巧讲解等方式，引导学生掌握写作的基本要素和技巧。同时，教师还需要积极给予学生的作品反馈，包括肯定学生的创作意图和努力，指出作品中的亮点和不足之处，并提供具体的改进建议，帮助学生提高自己的写作水平。

总之，文学创作是诗意语文课堂中重要的实践环节。通过培养学生的创作能力和想象力，提供合适的创作主题和形式、提供有效的写作指导和反馈机制，可以让学生在文学创作中得到全面的发展，并培养他们的审美意识和文学素养。

5.3 诗意语文下的情景教学

诗意语文情境教学流程图谱及举例：

表4-1　诗意语文情境教学

课时	流程	目标	方法示意
第一课时	情境导入	启动学习动机，营造情感氛围	使用故事、图片、视频等多媒体资源，或者现场表演、实物展示等方式，将学生带入一个与文本内容紧密相关的情境中
	情境识字	读准字音，记住生字，并自主发现最合适的识字方法	教师出示相关的生字卡片、图片、多媒体技术或者通过创设游戏情境、故事情境、角色扮演情境、结合生活实际等方式，激发识字，提高识字效果
	情境感知	初步感知内容，形成整体印象	指导学生朗读课文，注意语音、语调、节奏的把握；利用图片等辅助材料，帮助学生初步感知文章主要内容

课时	流程	目标	方法示意
第一课时	情境写字	通过观察、模仿、实践等方法，掌握写字技巧，提高写字审美力	教师创设书写比赛情境、指导情境、合作情境、创意书写情境等方式，激发兴趣，提高书写规范性和美观性
	情境总结	回顾学习内容，巩固理解和记忆	教师引导学生总结学到的知识点和情感体验，为下一课时的学习做好铺垫
第二课时	情境回顾	回顾上课时的学习内容	通过提问、讨论等方式，引导学生回顾并巩固上课时学到的知识点和情感体验
	情境探究	深入探究文本内涵，理解作者的意图和表达方式	教师提出探究性问题，引导学生通过小组讨论、角色扮演等方式，深入剖析文本，形成对文本的深入理解
	情境体验	感受文本的情感，产生情感共鸣	设计情境体验活动，如角色扮演、模拟情境等，让学生在参与中体验文本中的情感变化，加深对文本的理解和感受
	情境拓展	拓宽知识视野，将所学知识迁移到新的情境中	提供与文本内容相关的拓展材料或情境，深化对文本的理解和认识；同时，鼓励学生将所学知识运用到新的情境中，解决实际问题
	情境创作	能培养自己的创造力和表达力，将所学内容转化为个人作品	设计创作任务，如写作、绘画、表演等，鼓励学生发挥自己的想象力和创造力，将所学内容以个性化的方式表达出来；同时，提供展示平台，让学生分享自己的作品，增强学习成就感
	情境升华	能将学习延伸到日常生活，升华自己的情感体验	鼓励学生将所学内容应用于实际生活中，如分享给家人朋友、参与相关活动等；同时，引导学生深入思考文本所传递的情感和价值观，将其内化为自己的情感体验和人生智慧

6.诗意语文教学成效

6.1 学生：发现美的能力

6.1.1 提高学生的审美情感

通过诗意的课堂教学，可以帮助学生深入理解和欣赏文学作品的内在美，从而培养和提高他们的审美情感。

6.1.2 增强学生的文学素养

诗意教学注重文本的深入解读和欣赏，可以帮助学生更好地理解文学作品，增强他们的文学素养，提升他们的语言理解和表达能力。

6.1.3 促进创新思维的发展

诗意的课堂教学鼓励学生从不同角度、不同层面去理解和欣赏文本，有利于激发他们的创新思维和想象力。

6.1.4 提高学生的学习兴趣和学习动机

通过诗意的课堂教学，可以将文学作品的魅力充分展现给学生，提高他们的学习兴趣，使他们更加积极地投入到学习中。

6.1.5 促进学生的全面发展

诗意语文教学不仅关注学生的知识和技能的学习，还注重他们的情感、态度和价值观的培养，有助于促进学生的全面发展。

6.2 教师：课堂更美了

6.2.1 提升教师的教学理念

诗意语文教学强调对文本的深入解读和审美体验，这要求教师更新教学理念，从传统的知识传授转向引导学生主动探究和发现美。

6.2.2 促进教师的专业成长

为了进行诗意语文教学，教师需要深入研究文学作品，提升自己的文学素养和审美能力。同时，诗意教学需要教师具备创新教学方法的能力，这也会促进教师的专业成长。

6.2.3 增强教师的教学自信

通过诗意语文课堂教学的实践，教师可以逐渐掌握有效的教学方法，提升教学效果，从而增强自己的教学自信。

6.2.4 丰富教师的教学资源

诗意语文教学需要教师广泛涉猎各类文学作品，这会丰富教师的教学资源，使教学内容更加丰富多彩。

6.2.5 提升教师的教学评价能力

诗意语文教学强调对学生的审美情感和创新思维的培养，这要求教师具备更高的教学评价能力，能够全面、客观地评价学生的表现。

6.3 学校更美了

6.3.1 提升学校的教学质量

诗意语文课堂教学注重培养学生的审美情感、创新思维和全面发展，这有助于提高学校的教学质量，使学校在教育领域获得更好的声誉。

6.3.2 形成学校的教学特色

通过实施诗意语文课堂教学，学校可以形成独特的教学特色，使学校的教育理念和教学方法在同行中脱颖而出。

6.3.3 增强学校的文化底蕴

诗意语文教学强调对文学作品的深入解读和审美体验，这有助于增强学校的文化底蕴，使学校的文化氛围更加浓厚。

6.3.4 促进学校与社会的联系

诗意语文课堂教学可以组织学生参与文学活动、文艺比赛等，这有助于增强学校与社会的联系，提高学校的社会影响力。

6.3.5 提升学校的教育品牌

通过实施诗意语文课堂教学，学校可以培养出具有独特审美情感和创新思维的学生，从而提升学校的教育品牌，吸引更多优质的生源。

【课例解析1】

新课标背景下的古诗扩写习作教学探索：《游山西村》古诗扩写习作教学

执教人：成都市青白江区大弯小学　唐　静

一、案例背景

中国古诗词是中华文化的瑰宝。它以其深邃的意境、优美的语言、丰富的内涵和独特的表现手法，在世界文坛上独树一帜。它寓意深刻、耐人寻味，字里行间流淌着悠久的历史；它抒情真挚、感人肺腑，道不能道之景，抒不能说之情；它写景自然、怡人耳目，引人遥想"接天莲叶无穷碧"，仰望"晴空一鹤排云上"，听得"萧萧梧叶送寒声"，闻到"小池不断藕花香"。

重视古诗词教学，对提升小学生文化底蕴，提高其记忆能力、想象能力、思维能力，培养审美意识都具有十分重要的作用。

新课标强调小学阶段要培养学生的人文素养和审美能力，古诗教学作为其中的重要组成部分，要求学生在理解古诗内容的基础上，能够体会诗人的情感，领略古诗的艺术魅力。同时，新课标还提倡在教学中注重学生的个体差异，鼓励他们进行个性化的表达。在小学古诗词的课堂教学中，我们常用的是"古诗教学五步法"，即解诗题、知诗人、读诗文、晓诗意、悟诗情。而要真正地走进一首古诗，去喜诗人之喜，愁诗人之愁，悲诗人之悲，并不是简单地读几遍古诗，了解一下诗意就能达到的，要真正地深入领悟一首古诗，古诗扩写，不失为一个好的教学途径。

二、案例举措

（一）谈话导入，激发兴趣

作者陆游生活在南宋，离我们已经时代久远，为了让学生更好地了解《游山西村》的创作背景和诗人陆游，我提前让孩子们收集了相关资料。课前，我采用谈话导入的方式，向孩子们介绍了陆游是在何时何地、在什么境遇下创作的这首诗：

师：孩子们，你们喜欢旅行吗？

生：当然喜欢啦！

师：其实唐老师也是一个热爱旅行的人，我听说位于浙江省绍兴市的山西村景美人更美，今天，老师打算和孩子们一起穿越时空，去游一游山西村，你们期待吗？

生：期待！

师：1167年，大诗人陆游罢官回乡，心情苦闷，可是山西村之行却令他豁然开朗，让他挥笔写下了《游山西村》这首千古名诗，这究竟是怎样一段旅程，发生了些什么样的故事呢，孩子们想走进这个故事吗？

在这样的激趣导入之下，学生对山西村之旅充满了兴趣和好奇，为下面的教学做了较好的铺设。

（二）抛砖引玉，发挥想象

接下来我就以跟着诗人陆游一起"游山西村"的方式继续我的教学，在讲到"丰年留客足鸡豚"的时候，我出示了图片，看着一桌子丰盛的饭菜，我让学生发挥想象：

师：村民们会做些什么菜来款待陆游呢？

生：红烧肉、土豆烧排骨、蘑菇炖鸡、农家腊肉……哇！我都想流口水了！

师：他们一边吃着丰盛的饭菜，可能一边还唠起了家常，那他们会说些什么呢？

为了让学生一会儿的写作素材更丰富，我先出示了一道选择题，让学生选出对话中哪些可能是主人说的话，哪些可能是陆游说的话，学生顺利完成选择后，我又追问：除了这些，他们还可能聊些什么呢？引导学生结合当时情景，发挥想象，果然让主客对话越来越丰富，达到了预设的教学效果。

师：吃完饭陆游告别了主人，骑着毛驴继续前行，一路上春光如画，美景不断啊，这是一位画家根据《游山西村》这首诗创作的一幅画，我们今天借这幅画来说说我们想到的景，请孩子们按照由远及近的顺序来说说，看到了哪些景物？

在接下来的教学中，我出示了古诗插图，并引导学生按照由远及近的顺序，尽量用优美生动的语言来说自己看到的景物，如"连绵起伏的山峰""清澈见底的小河""枝繁叶茂的大树""错落有致的房屋"等，并引导学生想象：除了图上这些景物，你还联想到了春天的小村庄有哪些美景？孩子们充分发挥想象，各抒己见。在理解"山重水复疑无路，柳暗花明又一村"蕴含的人生哲理时，我让学生结合陆游当时所处的境遇，自己总结出：人生不就是这样吗？当你身处逆境悲观失望的时候，说不定希望就在不远处。较好地体会了作者当时豁然开朗的心情。

接下来，我让学生用四人小组交流的方式，让学生完整地说说陆游游览山西村的故事，让学生对这个故事有一个整体的感知，小组交流后进行了及时的汇报，我认真聆听学生讲述的故事，并在他们讲述的过程中，不断引导他们改进语言的生动性、形象性和注重故事的完整性。

这个大的环节在整堂课的教学中至关重要，只有让学生入情入境，自己结合情景，发挥想象，并学会准确、生动地表达，才能在接下来的扩写中如鱼得水，妙笔生花，在这个过程中，教师的"引"很重要，我们要抛出"砖"，引出源源不断的"活水"。

（三）归纳方法，自由练写

可以说前面所有的环节，都是在为"完整、生动地写出这个故事"做准备，在学生讲述故事之后，我出示了练写小锦囊，从写作顺序、写作方法上对学生进行了指导，明确了写作要求，并用课件提示了一些重点词语，让学生在写的时候，能信手拈来。接下来，全班学生在规定时间内完成《游山西村》的古诗扩写。

（四）展示作品，共同评赏

大部分学生在四十五分钟内完成了古诗扩写的写作，字数基本在500字以上，这对于四年级的学生来说已经非常不错了。我利用投影，展示了几位学生作品并进行了评改，在评改的过程中，我特别注重了评价语言的多样性和有效性，如"短短的两行诗，这个孩子却能写出这么生动优美的文字，除了孩子们充分发挥想象之外，也体现了文字简约、内涵丰富的特点""他恰当地运用了比喻的修辞手法，让这段描写景物的文字更加栩栩如生了""这个孩子运用了较多的语言描写，体现了陆游在山西村受到款待和与村民相聊甚欢的情景，非常有画面感"……我的评价其实也在提示学生，该如何去评价、修改这篇作文。接下来，我让学生从运用好词、修辞手法、语言、神态、心理描写和故事的完整性等方面开展了小组互评，我也在这个过程中不断巡视，指导修改，力争让每个孩子的作文都能达到满意的效果。

三、案例效果及反思

这堂课的教学，基本实现了"一课一得"的设计理念，落实了学科目标和同时目标，让学生真正"学有所得"。当然，肯定也存在不足的地方，例如，评价语的进一步提高，对学生的引导还需要结合学情等，"路漫漫其修远兮，吾将上下而求索"，教学是一门永远也探索不尽的艺术！

几年以来，我一直坚持每学期一到两次的古诗扩写习作教学，并在实践中不断改进教学环节和教学方法，丰富课堂评价语，已基本摸索出一套较为完整的古诗扩写教学体系。事实证明，学生的文化底蕴、想象能力、审美能力和写作水平都有了较大的提升，"不积跬步，无以至千里"，一点一滴的积累与渗透，必将会引发蜕变！让一首首古诗成为一个个生动的故事，让一幅幅画面跃然纸上，让中华文化的光辉愈加光彩夺目！

【课例解析2】

信息技术运用环境下小学诗歌教学新方法：《送元二使安西》教学

执教人：成都市青白江区大弯小学　陈　曦

一、案例背景

进入21世纪以来，计算机和科学技术飞速发展，新媒体的出现推动了教育形态与技术的变革。语文作为一个人文性非常强，教学形式相对松散，教学有效性检测程度较困难的传统科目，如何运用一些新的手段和技术提升教学水平与教学质量，也给新时代的语文教师带来了更多机遇与挑战。诗歌教学作为一个非常传统的教学类别，教学内容又相对古老，如何"新瓶装旧酒"，利用新媒体的一些教育技术和手段帮助教师更好地完成教学任务，帮助学生更好地学习古诗，是一个非常值得探讨的问题。

在传统诗歌教学中，学生都是利用纸质教材、学习资料进行学习，教师在课堂上也是主要运用黑板进行教学。如果教师在教学中能够合理地利用多媒体辅助教学，那将带来古诗教学质的飞跃，这种新技术和古诗的整合教学恰好可以以生动良好的教学情境对学生有巨大的感染力和感召力，它给传统的古诗教学穿上现代化的外衣，化枯燥为情趣，化深奥为浅显。从而弥补了传统古诗教学的枯燥与乏味，使学生以此为桥梁，让时光回转千年，适时进入诗中所描绘的意境，倾听诗人所抒发的情感，感悟诗文语言的精练，体会古诗那特有的神韵。

《送元二使安西》是小学语文课程标准实验教科书四年级上册第六单元第一篇课文《古诗两首》中的第二首古诗。本单元的文章以人与人之间的爱和真情为主题，体会互相关爱带来的快乐和幸福，引导学生去关心帮助他人。这首诗是盛唐著名诗人、画家和音乐家王维所作的一首脍炙人口的送别诗。王维的好友元二将远赴西北边疆，诗人特意从长安赶到渭城来为朋友送行，其深厚的情谊，不言可知。这首诗既不刻画酒宴场面，也不直抒离别情绪，而是别具匠心地借别宴将尽、分手在即时的劝酒，表达出对友人的留恋、关切和祝福。教学这首诗的重难点是引导学生理解诗句的意思，想象诗歌所描绘的情景，体会作者的思想感情。

二、案例举措

（一）巧用电子白板，创设古诗情境

面对古诗这种对于小学生来讲相对较古老陌生的教学文本时，教师一定要注意以"趣"激情，只有学生真正地对于学习古诗有了兴趣才能更好地组织教学。以前在进行古诗情境创设方面，更多都是采用教师范读、学生自读等方式，通过讲授法来引导学生入情入境。但在新媒体技术的环境下，利用交互式电子白板，教师可以利用多元化的媒体技术与资源，创设诗文情境，帮助学生更好地入情入境。

例如在进行王维《送元二使安西》的教学过程中，学生对于渭城、客舍等特定景色、景物有陌生感，很难通过语言描述让他们体会到当时的环境，就可以通过一些动态画面帮助学生入境。笔者通过一些非常美的渭城、客舍的视频和图片渲染当时离别的氛围，带领学生入情入境。

古诗教学中，为让学生感知整体美，体悟古代诗歌遣词造句高度精辟和其浓郁的诗意。因此，在教学中应巧妙运用交互式电子白板化静为动，变无声为有声，通过绚丽的画面、鲜艳的色彩、悦耳的音乐，为学生创设优美的诗境，这样有助于学生较为迅速、深刻地整体感知诗文，体会作者蕴含在诗中的思想感情。

例如：

师：对，早晨下了一场怎样的雨？

生：早晨下了一场小雨。

师：为什么？你从哪个地方看出来下了一场小雨？

生：浥轻尘。

师：从哪个字？

生：浥。

师：浥，是什么意思呢？

生：湿了。

师：对，湿了路上的尘埃说明是一场？

生：小雨。

师：那么谁能把句子连接起来再说一遍？

生：渭城的清晨下着小雨，很小的雨打湿了路上的轻尘。

师：湿了地上的尘埃，这就是润物细无声。谁能再说说第二句的意思，好，你来。

生：第二句意思是客舍周围的青青的柳树的颜色更加青青了。

师：为什么柳树更加青青啦？你来。

生：因为早上下了一场小雨。

师：在细雨润物中，柳树的颜色更加——

生：鲜艳。

（二）巧用网络资源，补充诗歌写作背景

我们常说古诗教学中要讲究"知人论世"，在高段语文教学中，这一点尤为明显，如果不能了解诗人当时所处的背景与环境很难体会到诗歌中诗人所表达的情感。在传统古诗文教学中，诗歌背景介绍这一方面，通常都是由教师直接讲述、学生课前预习、课堂讲述等方式完成教学。

但是在新媒体教学环境下，就有更多方式让学生自己收集诗歌背景内容，利用网络上丰富的教学资源在诗歌背景介绍方面真正做到"知人论世"。例如，笔者在《送元二使安西》的教学过程中，就利用电子书包的平板让学生自主收集关于王维、元二的一些背景材料，并利用网络的交互性大家互传互看，帮助一些有困难的同学及时完成这项任务。对诗歌背景的理解就更好地辅助了诗歌教学的开展。

例如：

师：同学们。渭城的景色，美丽吗？然而就在这么一个美丽的早晨，元二就要启程出发了。渭城在古城长安西北，渭水北岸因此被称为渭城。而阳关在今甘肃西南，是古时通往西域的交通要道，当时的阳关以西就是那么遥远。这又是一幅怎样的画面呢？一路上云山浩渺，大漠茫茫，黄沙漫天，举目无亲，陪伴他的是无尽的戈壁和满目的荒凉，从渭城到安西总共3000多公里，就算用上当时最快的交通工具快马去，也得用上整整半年的时间。有位诗人曾经这样描述这条路，（一起读）"十日过沙碛，终朝风不休。马走碎石中，四蹄皆血流。"（利用网络搜索的视频图片资料展示最真实的当时环境。）

师：同学们这是一条怎样的路啊？（很难走的路）你的好朋友元二就要踏上这样一条艰难漫长的路，作为好朋友的你。还有没有要说的？哪怕一句话？有吗？

生：（回答）

师：老师相信同学们还有很多的话要说，此时此刻可以体会到王维他是什么样的心情？

生：（回答）

师：请你把你体会到的这种感情用弹幕发到屏幕上来，让老师看看是不是每位同学都感受到了。

（用弹幕发送）

师：王维非常舍不得他的朋友，然而在这离别的时刻千言万语化成一句话，一杯酒。

生：劝君更尽一杯酒，西出阳关无故人。

师：同学们，此时此刻，这还是一杯简单的酒吗？这酒中还包含了王维的什么？

生：（回答）

师：你来带着这种情谊读一读。

生：（读）

（抽三位左右学生来说、读）

师：好，数不清这是第几杯了，可是，喝了这杯酒，元二就真的要踏上征程了。让我们也一起举起酒杯再送元二一程吧！劝君更尽一杯酒——预备起。

生：（齐读）

师：同学们，在这离别的时刻，酒逢知己千杯少，离别方知故人情。五年以后，王维就病死了。他再也没等到元二回来的那一天，再也没有机会和元二一起聊天一起喝酒了。所以这样一首分别诗，我们应该怎样读？

生：（齐读）

师：读着这样的诗，你有没有感觉到王维是一位怎样的朋友？

生：珍惜友谊。

师：出了阳关，还有这样有情有义的朋友吗？哪还会有这温馨如家的客舍？还会有这代表依依不舍的杨柳吗？还会不会喝到这满是深情厚谊的酒啊？

（擦板书）

师：那么陪伴元二这一路上真的什么都没有了吗？

生：（回答）

师：所有的这些都化作一个情字。感受着王维这份深厚的友情，老师不禁也想来诵读这首诗。

（师诵读）

师：同学们，你们也带着这样一种深厚的情谊再来读一读。

生：（齐读）

（三）巧用微课，拓展延伸

现阶段的语文教学强调"1+X"的教学模式，单纯的课文教学如此，古诗教学也是一样。如何更好地进行古诗文教学的拓展，抓住拓展点进行延伸，而不是单纯出示几首同类型古诗让学生直接背诵。

在这种时候，微课就能起到很大的作用。其精巧、小切口、易理解的特点让学生非常容易接受这样一种拓展与延伸的方式。教师在把握材料的时候也更方便，在微课中融入更多古诗文材料，帮助学生更好地积累与延伸。例如笔者在进行《送元二使安西》这堂古诗课教学中，在这个古诗中找到的拓展点就是关于"送别类"诗歌的发散延伸，关于"送别意象"的理解与积累。于是笔者整理了一节专门的《走进送别诗》。

这节《走进送别诗》微课中就专门讲了送别诗中的一些知识点，例如唐人出行原因大体可分为赴考、出使、迁谪（宦游）、征戍、乡旅、归隐等。在古诗中经常出现的各种"送别意象"，例如："柳""酒""长亭"等，也讲了这些意象分别有什么内涵与价值。整节微课共用时五分钟，结合各种音乐、视频、图片等教学资源，帮助学生更好地理解、感受了"送别诗"的魅力，比起出示几首诗让学生机械性地进行背诵要记忆深刻得多。可以说在这样一些拓展点，使用微课进行教学，比起传统的教学方法，这样不仅节约了教学时间，教学效果也要好得多。

例如：

师：为什么柳树更加青青啦？你来。

生：因为早上下了一场小雨。

师：在细雨润物中，柳树的颜色更加——

生：鲜艳。

师：在送别诗中经常会出现柳树，有些时候可能实际上并没有柳树，但诗人还是提到柳树，这是为什么呢？我们通过一个微课来了解一下。

（播放微课《送别诗中的柳树》）

三、案例成效与反思

电子书包、翻转课堂、慕课、教育游戏、虚拟实验室、3D打印、体感技术……各种新媒体与新技术为教学带来了新纪元。2010年，国家教育部颁布了《国家中长期教育改革和发展规划纲要（2010—2020年）》。在发展规划纲要中，针对加快教育信息化进程的教育需求，提出当代教育需要"更新教学观念，改进教学方法，提高教学效果；鼓励学生利用信息手段主动学习、自主学习，增强运用信息技术分析解决问题能力"。《纲要》明确指出了教育信息化发展要符合时代的需求，不能仅仅满足于应用新媒体、新技术，满足于多元技术给教学带来的新鲜感，更要关注深度整合技术与教学实践，关注利用技术促进教育观念转变、方法革新、促进学生学习方式变革。

随风潜入夜，润物细无声。新媒体技术运用于古诗教学，使古诗中的文字活跃起来，一行行诗句鲜活起来，几千年的历史距离在孩子的心中化为无形。学生徜徉于古诗之美中，体验和挥洒才情，享受愉悦与幸福，课堂教学自然而然地达到一种"其情也泄泄，其乐也融融"的美好境界。培根说："读诗使人灵秀。"小学语文教材中选取的许多古诗立意高远，构思新颖，语言清新，趣味浓郁。在教学中，教师要善于运用先进的教学手段，引导学生学习古诗，品味古诗，剖析其语言，探析其趣味，以便更有效地激发学生学习兴趣，吸取古诗营养，探索古诗真谛，使学生充实起来，"灵秀"起来，让小学古诗教学再次插上飞翔的翅膀。

当然，在这样的环境下，在小学语文诗歌教学中主要有两个方面值得我们重点去研究关注。第一，信息技术环境下的诗歌课堂设计模式，有一定的方法和规范，才能帮助教师在开展课程时更好地进行课堂预设。第二，在诗歌教学过程中，虽然运用信息技术手段拓展了相关知识，但最重要的方面应该是指导方法并要求学生掌握知识。在信息技术环境下，如何更好地落实还需继续探究。

（二）"数"往未来，"学"问思辨

> 迟序之数，非出神怪，有形可检，有数可推。
>
> ——祖冲之
>
> 在数学的天地里，重要的不是我们知道什么，而是我们怎么知道什么。
>
> ——毕达哥拉斯

在知识的海洋中，数学是一座宏伟而神秘的岛屿，它以其严谨之美和逻辑之光吸引着世代探险者。在这片星辰大海中，我校以"视点结构六环节+"教学模型为航标，以视点结构数据化观测平台为风向，引领学生们启航，探索数学的无限奥秘。

"视点结构六环节+"教学模型告诉所有学子，数学不是孤立无援的数字和公式，而是一个充满活力、等待探索和创造的世界。"视点结构数据化观测平台"的存在帮助我们更好地进行数学探索，课堂不是一味地听教师说、看教师演，而是师生间默契互动的体现。

有了精巧的航标，还需要随时了解航海中的风向，而"视点结构数据化观测平台"可以将复杂的数据以图表、图像等形式直观展示出来，帮助教师和学生更好地理解和应用，为课堂提供更深入的洞察和建议。正是精准地阐述出风从何处来，把我们带向何处去。通过"教师提问""教学设计有效性""学生参与情况""小组活动"四个维度实时收集教师与学生的教学数据，并对其进行分析和处理，教师可以及时了解学生的学习情况，调整教学策略，同时，学生也可以根据反馈及时调整学习方法和策略。

岁月流转，学生们将逐渐长大，但"视点结构六环节+""视点结构数据化观测平台"在他们心中种下热爱数学的种子，必将伴随他们成长，开出灿烂的花朵。在这片数学的海洋中，我校将继续守望每一个孩子的航程，见证他们用数学书写自己人生的壮丽篇章。

1.数据化课堂观察平台的搭建

1.1 搭建的初衷

1.1.1 课堂教学行为缺乏系统的理性思考

要把新课程的理念真正转变为教师的常规教学行为，是新课程与课堂教学改革能否成功的关键，提高课堂教学效率成为教师努力的方向。而一节课是否能做到有效或者高效，教师的课堂教学行为水平则起到至关重要的作用。我校部分老教师能够在一定的经验层面上感受到教学中出现的问题，并根据问题进行教学行为的改进和优化，但是缺少系统的理性思考，凭感觉走、凭经验教的痕迹较重。年轻教师只感觉自己的课堂不流畅，效率低，至于该怎么改进无从下手。绝大部分教师对于如何优化自我的课堂教学行为关注得不够，主动研究改良得少，这给我们的研究提供了宽广的实践空间。对教师课堂教学行为进行优化，有利于纠正教师在课堂教学中所出现的经验型教学偏差，对高效课堂的构建有积极的促进作用。所以，对课堂教学行为进行深入分析和探讨，优化教师的教学行为势在必行。因此，观察教师课堂教学行为并研究行为成因及改进策略成为优化教学行为的重要手段。

1.1.2 课堂观察对有价值、有意义的教学行为数据的忽略

近年来，随着我国课堂研究的深入开展，随着教师自身研究意识的提高，越来越多的研究者和教师开始关注课堂观察方法及其应用。传统的课堂观察都是以课堂观测者的授课经验、课标解读能力、教学风格、性格特点等为基础进行评测。观课、议课者对授课教师的主观性评课占绝大部分，在评课的过程中一般都是采用笼统大概的评课方式，观测视点不明确，更多地关注教师教的行为，忽视了课堂中学的主体——学生。20世纪90年代，上海市教科院运用课堂观察技术对教师课堂教学进行现场观察、录像带分析等，用以改进课堂教学。这是国内首次运用课堂观察技术服务于教师课堂教学。近几年，华东师范大学课程与教学研究所副所长崔允漷教授认为，课堂观察是一线教师开展课堂教学研究的基本方法，颠覆了传统的听评课方式，是听评课的一种创新。但是这些观察都忽略了课堂生成的过程中出现的很多有价值、有意义的数据。

1.1.3 时代发展需要对教学行为精准性测评变革

"数据驱动学校，分析变革教育"的大数据时代已经来临，利用教育数据挖掘技术和学习分析技术，构建教育领域相关模型，探索教育变量之间的关系，为教育教学决策提供有效支持将成为未来教育的发展趋势。教育部颁布的《关于实施全国中小学教师信息技术应用能力提升工程2.0的意见》明确提出变革测评方式，充分利用新技术开展教师研修伴随式数据采集与过程性评价，提高测评助学的精准性。现代教学理论认为，教学就是为学生的有效学习提供支持条件，让学生在有支持的学习环境中积极地参与有意义的学习活动，以达到获得知识和掌握技能的学习目标。有效教学的理念越来越受到重视，同样也成为教师追求的目标。如何优化自己的课堂教学行为成为当前讨论的焦点。在新技术日新月异的当今社会，人们借助互联网、云计算、大数据、虚拟现实和人工智能等前沿技术分支，多视角、全方位挖掘数据，梳理、分析相关信息，为生产生活精准服务。那么，我们是否可以运用课堂中产生的有关数据去促进教师专业化发展和优化教师的教学行为呢？

1.2 搭建历程

我校自2013年开始数据研究。最初我们采用画正字记录数据，运用纸质数据分析量表和早期人工建立的数据库改进观课议课模式。2016年6月，我们进行小学数学至美课堂数据化观测平台一期开发设想；9月，确定了平台的基本雏形；10月，研讨怎样更好收集、分析数据；11月，平台试用版出炉；12月，数据观测平台（http：//digit.dwxx.cn/login.do）终于初步成型，并投入使用。

2.数据化课堂观察平台介绍

通过对我校数据化课堂观察平台的深入使用，我们进行了课堂观察和教学行为优化策略研究。构建了数据化课堂观察教学行为的四维模型。

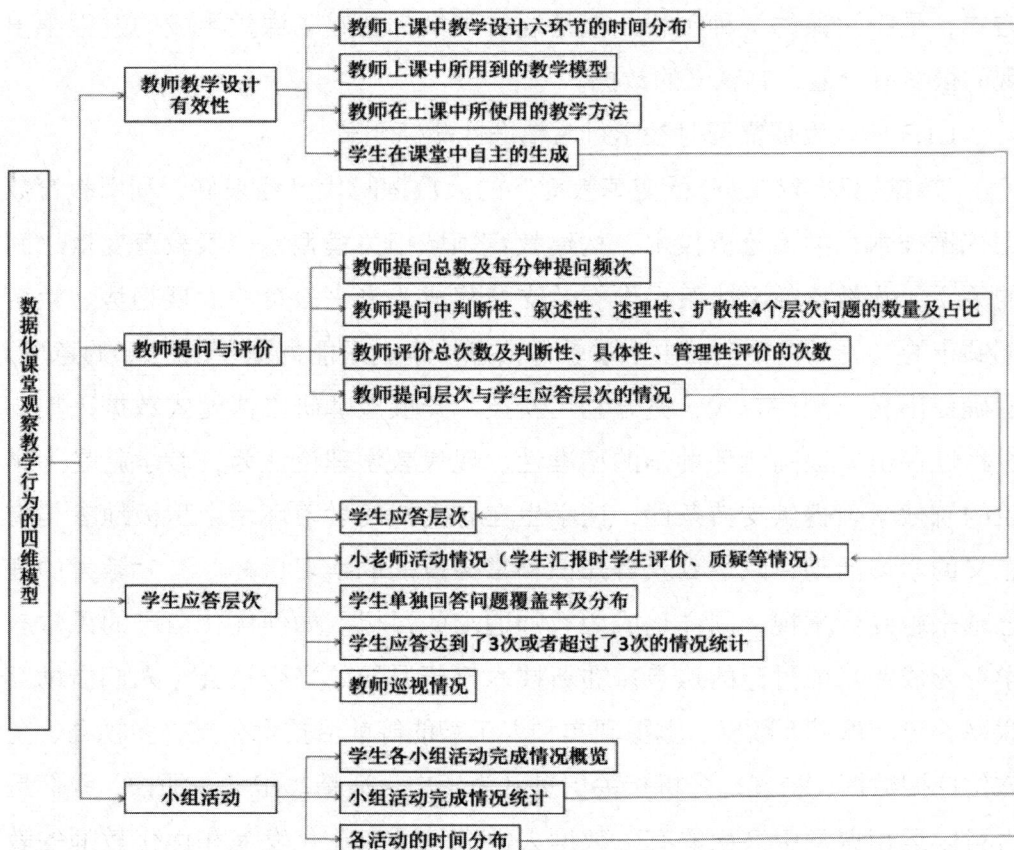

图4-1　数据化课堂观察教学行为的四维模型

2.1 第一维度：教师教学设计有效性的观测

教学环节	教学方法	+	资源生成	内容	建议	模型	备注
导入	新旧结合 激趣 本身意义 建模 输入新的方法 添加新方法	建模思想 数学结合思想 整体思想 归纳推理思想 类比思想 方程思想 符号思想 转换思想 分类讨论思想 极限思想 化归思想 函数方程思想 隐含条件思想 数学文化	输入生成内容 添加生成	输入教学内容	输入建议	输入本堂课所用到的教学模型	输入需要添加的备注内容
揭示 检测开始 检测结束	讲授 演示 讨论 探究 建模 输入新的方法 添加新方法	建模思想 数学结合思想 整体思想 归纳推理思想 类比思想 方程思想 符号思想 转换思想 分类讨论思想 极限思想 化归思想 函数方程思想 隐含条件思想 数学文化	输入生成内容 添加生成	输入教学内容	输入建议		
强化 检测开始 检测结束	练习 讨论 探究 建模 输入新的方法 添加新方法	建模思想 数学结合思想 整体思想 归纳推理思想 类比思想 方程思想 符号思想 转换思想 分类讨论思想 极限思想 化归思想 函数方程思想 隐含条件思想 数学文化	输入生成内容 添加生成	输入教学内容	输入建议		
延伸 检测开始 检测结束	介绍 分享 探究 讨论 建模 输入新的方法 添加新方法	建模思想 数学结合思想 整体思想 归纳推理思想 类比思想 方程思想 符号思想 转换思想 分类讨论思想 极限思想 化归思想 函数方程思想 隐含条件思想 数学文化	输入生成内容 添加生成	输入教学内容	输入建议		课程结束
回归	分享 练习 建模 输入新的方法 添加新方法	建模思想 数学结合思想 整体思想 归纳推理思想 类比思想 方程思想 符号思想 转换思想 分类讨论思想 极限思想 化归思想 函数方程思想 隐含条件思想 数学文化	输入生成内容 添加生成	输入教学内容	输入建议		
检测	分享 练习 建模 输入新的方法 添加新方法	建模思想 数学结合思想 整体思想 归纳推理思想 类比思想 方程思想 符号思想 转换思想 分类讨论思想 极限思想 化归思想 函数方程思想 隐含条件思想 数学文化	输入生成内容 添加生成	输入教学内容	输入建议		

图4-2 教师教学设计有效性的观测点

该维度主要包含的观测点有教师上课中教学设计六环节的时间分布、教师上课中所用到的教学模型、教师在上课中所使用的教学方法、学生在课堂中自主的生成。

第一个观测点：教师上课中教学设计六环节的时间分布。我校的视点结构"六环节+"教学模式由视点"导入—揭示—延伸—检测—回归"几个环节构成。"+"六环节过程中渗透学科思想方法、学科文化，建立思维模型，培养学科素养。我们观察时首先选择环节类型，点击后平台自动记录该环节开始时间，再次点击下一环节时，则自动生成上一环节的用时，并开始下一环节的时间记录。根据各环节中用到的数学思想和文化，选择点击，如建模思想、数形结合思想、整体思想、归纳推理思想、类比思想、方程思想、符号思想、转换思想、分类讨论思想、极限思想、化归思想、函数方程思想、隐含条件思想、数学文化。

第二个观测点：教师上课中所用到的教学模型。我们观察时根据课堂教学内容所用到的数学模型自主输入文字，生成记录。如找规律时的模型：观察→猜测→验证→结论→应用。

第三个观测点：教师在上课中所使用的教学方法。我们观察时根据各环节所用到的教学方法进行选择点击。如导入环节中的新旧结合、激趣、本身意义、建模，其他环节的讲授、演示、讨论、练习、探究、建模、介绍、分享，如果还有其他方法，也可以自主输入文字，进行添加。

第四个观测点：学生在课堂中自主地生成。我们观察时根据课堂中学生精彩的、意想不到的发言、操作、成果等生成的课堂资源自主输入文字，进行添加。

2.2 第二维度：教师提问与评价的观测点

	判断性问题	叙述性问题	述理性问题	扩散性问题	小老师	教师评价
问题分类	判断性问题	是什么 怎么样	为什么 怎样想的	不同想法 哪些方法	学生提问 学生汇报	
应答分类	齐答正确 齐答错误 判断性 叙述性 述理性 扩散性 错误 质疑 评价	齐答正确 齐答错误 判断性 叙述性 述理性 扩散性 错误 质疑 评价	齐答正确 齐答错误 判断性 叙述性 述理性 扩散性 错误 质疑 评价	齐答正确 齐答错误 判断性 叙述性 述理性 扩散性 错误 质疑 评价	学生回答 学生质疑 学生评价 学生补充 教师解答 教师评价 应答错误	具体性 判断性 管理性

图4-3　教师提问与评价的观测点

该维度主要包含的观测点有：教师提问总数及每分钟提问频次；教师

提问中判断性、叙述性、述理性、扩散性4个层次问题的数量及占比；教师评价总次数及判断性、具体性、管理性评价的次数；教师提问层次与学生应答层次的情况。

第一个观测点：教师提问总数及每分钟提问频次。课堂中老师每提出一个问题，就点击对应的问题类型1次，课堂结束后平台自动统计教师提问总数，再根据上课时间算出每分钟提问频次。

第二个观测点：教师提问中判断性、叙述性、述理性、扩散性4个层次问题的数量及占比。根据老师的提问先分类，在对应的问题类型进行点击。课堂结束后平台自动统计、计算各种类型问题的个数及占比。

第三个观测点：教师评价总次数及判断性、具体性、管理性评价的次数。根据教师的评价先分类，在对应的评价类型进行点击。课堂结束后平台自动统计各类型评价的次数。

第四个观测点：教师提问层次与学生应答层次的情况。对于教师每种层次的问题，根据学生回答的情况在对应的学生应答处选择点击。我们学校对学生的应答分为齐答和单独回答。齐答有正确、齐答有错误。单独回答有判断性、叙述性、述理性、扩散性、错误、质疑、评价。课堂结束后平台自动统计出学生各类应答的次数，同时还生成每种类型提问的学生应答层次情况。

2.3 第三维度：学生应答层次的观测点

该维度主要包含的观测点有学生应答层次、小老师活动情况（学生汇报时学生评价、质疑等情况）、学生单独回答问题覆盖率及分布、学生应答达到了3次或者超过了3次的情况统计、教师巡视情况。

第一个观测点：学生应答层次。我们观察记录的是每个学生每次回答问题的具体情况。包括回答问题的层次——判断性、叙述性、述理性、扩散性，其他情况——错误。点击记录回答次数，当学生出现精彩回答或者典型错误时，直接点击输入文本。课堂结束后平台自动生成应答层次详细记录表。

第二个观测点：小老师活动情况（学生汇报时学生评价、质疑等情况）。在学生汇报时根据其他学生对汇报者的评价和质疑等情况，点击记录次数。

第三个观测点：学生单独回答问题覆盖率及分布。根据前两个观测点的数据，平台自动生成学生回答热点分布图，从图中可以直观看出学生单独回答问题的覆盖率和分布情况。

第四个观测点：学生应答达到了3次或者超过了3次的情况统计。根据前两个观测点的数据，平台自动生成学生回答次数分析统计图。包含回答0次、1次、2次、3次、3次以上的人数及占比。

第五个观测点：教师巡视情况。根据教师在小组活动中的参与和指导情况，点击对应的学生，平台自动生成教师参与及指导记录表。

2.4 第四维度：小组活动的观测点

该维度主要包含的观测点有学生各小组活动完成情况概览、小组活动完成情况统计、各活动的时间分布。

先选择观察的四人小组，点击记录每个学生的举手次数，根据活动情况选择1人活动、2人活动、4人活动，平台开始自动计时，点击活动完成后即生成活动时长。活动中根据学生在信息研究、信息成果中的表现——无效、普遍、深刻、创新；操作知识检测、操作研究性的表现——无效、未达成、达成、创新，进行选择点击。

第一个观测点：学生各小组活动完成情况概览。根据点击记录的数据，平台自动生成小组活动结果概览：整节课活动次数、每次活动时间、所有小组每次活动的具体情况。

第二个观测点：小组活动完成情况统计。根据点击记录的数据，平台自动生成小组活动完成情况统计图，直观反映各种活动完成情况的数量。

第三个观测点：各活动的时间分布。根据点击记录的数据，平台自动生成活动时间统计图，直观反映各活动的用时。

另外，四个维度中的有些观测点也是串联的、互相印证的。如"教师上课中教学设计六环节的时间分布"和"小组活动完成情况统计""各活动的时间分布"可以串联，"学生在课堂中自主地生成"和"小老师活动情况(学生汇报时学生评价、质疑等情况)"可以串联，"教师提问层次与学生应答层次的情况"和"学生应答层次"可以串联。不同维度的观察结果就产生了联系，让数据化课堂观察教学行为的四个维度具有整体性。

3.数据化观测平台的四个维度案例赏析

3.1 教学设计有效性

十余年来，在数学组的带头下，我校全力推进至美课堂教学模式——"视点结构六环节+"。每一节至美课程都按照审美化视点结构来设计，并将美融入其中。视点导入、揭示、强化、延伸、检测、回归，加上学科思想、学科文化。"视点结构教学技术"是指确立一个清晰的点（知识点、技能点、问题焦点、重心点、中心点或其他点），从此点沿着一定逻辑联系轨道或结构展开知识和思维视野的，适用于各级各类各科教学的教学技术或教学技术性行为系统。

【教学设计有效性观察分析】

下面以《寻找消失的宝石王冠》为例，分析教学设计是如何在审美化视点结构"6+1"的模式中高效有效的。

一、视点导入

寻找消失的宝石王冠

"这顶王冠是假的！" 大鼻子侦探突然指着王冠大喊。

播放绘本，塑造人物角色——大鼻子侦探和他的助手迷糊虫，带领孩子们参观博物馆，欣赏王冠，引出课题，初步体会规律。

利用图片、音频等多媒体信息技术刺激，抓住学生年龄特征，创设有趣生动的绘本故事情境，激发学生兴趣，产生探索欲望。

二、视点揭示

播放绘本推动课堂，随着故事情节的发展，以寻找王冠为线索，设置层层任务，让孩子们化身小侦探，和大鼻子侦探、助手迷糊虫、博物馆馆长一起破译怪盗黑星星留下的一个个谜题。参与观察发现，对规律进行丰富的感知。寻找宝石颜色的规律、图形排列的规律、隐藏的数字规律。在合作交流中探索发现，学会表达。

"宝石王冠确实被偷了." 馆长叹了一口气, "是怪盗黑星星干的, 他还留下了一张字条."

利用电子白板放大、拖动、勾画功能、授课助手的手机电脑同步功能突破重难点，提升教学效果。通过学生的4人小组合作交流、讨论、汇报、评价、补充，让孩子自己总结、表达，建立语言模型：宝石是按照颜色来排的，红蓝为一组重复排列。这张图是按照图形来排的，六边形、三角形、五边形、正方形为一组重复排列。火柴棍是按照数字来排的，6354为一组重复排列。体现逻辑思考的美，语言表达的简洁美。

三、视点强化及检测

播放绘本，继续破案，在故事情节中，逐步从单个到多个方面发现事物中的排列规律，学会观察、推理，体会数学的思维方法，最终打开保险箱找到真正的宝石王冠。寻找画作方向的规律，从图形、颜色多个方面寻找规律。在4人小组合作交流、汇报中展示不同方法，学会表达。语言模型：这些画是按照方向来排的，左、上、右、下为一组重复排列。生1：我们选红色的方块，因为这些卡片是按照颜色来排的，红蓝为一组重复排列，所以肯定是红色。它们又是按照图形来排的，梅花、方块、桃心为一组重复排列，所以选方块。生2：我们还发现了可以斜着看，同一条斜线上卡片是相同的，所以是红色的方块。

利用电子白板的放大镜、拖拽、书写功能，授课助手的手机电脑同步功能进行展示、交流，学生用自己的语言表述，并互相评价、质疑、补充。教师引导进行优化、总结，表现出数学语言的简洁美、条理美，交流合作的和谐美。让孩子深入体会到发现不止一种规律时，可以分步骤来看，先看颜色，再看图形；或者先看图形，再看颜色。在学习过程中还表现出数学的图形美、规律美。整个课堂在信息技术下洋溢着师生互动、生生互动、人机互动的和谐美。

四、视点延伸

回顾寻找王冠的过程，总结规律：颜色的、图形的、数字的、方向的，既有颜色又有图形的。观看微课——生活中的规律。通过微课视频播放，扩展延伸学生的视野和知识面，增强教学效果。如太阳的东升西落、每周的周而复始、一年四季交替、课程表的重复、地砖花纹的重复、音乐节奏的重复、规律的利用——蛙眼和电子蛙眼、蝙蝠和雷达……让学生发现生活中的数学美，有会欣赏美的目光，提升数学美的价值。

五、视点回归

让学生根据所学在生活中寻找规律、创造规律。回归生活，学会发现规律。给予学生自主创造规律的机会，激发独立思考能力、创造能力。通过学生的交流、反思、总结，谈谈自己的收获，进行思想火花的碰撞。整合所学，达到数学知识的结构美。

通过视点结构教学数据观测平台进行分析，可以科学地、显性地评测课堂。

教学方法		生成数	生成记录	内容	建议	模型	备注
激趣				提出课题			
讲授,讨论,探究,建模	建模思想,分类讨论思想,函数方程思想			找规律,颜色不同,图形,数字 学生上台汇报	出现模型,全班教读一遍 蓝红为一组,纠正,画线的原因,汇报时还是应该强调重复出现	按……分……为一组,重复排列	不打断学生的发言,解释规律,不按教案总结性语言走
讨论,探究	建模思想,分类讨论思想,函数方程思想	1	我不服？等他说,为什么？	规律方向,多个方面找规律	转圈左上右下环节教师应该给孩子充分的空间,在学生上台找规律时多问几个为什么？指着图形具体说		

图4-4 课例《寻找消失的宝石王冠》教学有效性观测点

从教学设计有效性来看，本节课的导入环节用时2分钟，导入简洁、指向明确。揭示环节用时20分钟，完成学生对视点认识的精准化。强化检测环节用时20分钟，形成学生数学探究方法的模型，达到对视点由感性到理性的强化认识。检测学生对所学知识的把握和运用。延伸环节用时2分钟，达到了对学科内外知识的融合，拓展教学目标。回归环节用时3钟，达到了对知识体系的建构，数学知识的回归。本节课各个环节的时间分布，比较合理，体现了课堂的结构美，但是出现了超时现象，还可以在相关环节的设计进行优化。

3.2 教师提问与学生应答

在教学过程中，"提问"是一种教学方法，更是一门教学艺术，要掌握好这门艺术，教师就应该勤思考、多分析、努力优化课堂的提问语，"问"出孩子的思维，"问"出孩子的激情，"问"出孩子的创造。因此，利用大弯小学视点结构教学大数据观测平台对教师提问与学生应答进行数据观测，以此来分析教师的提问是否适宜、具体、有层次性，进一步探讨、学习教师提问的方法，帮助教师更加有针对性地进行调整。其中提问类型包括判断性问题、叙述性问题、述理性问题、扩散性问题，教师评价次数及类型（具体性、判断性、管理性）；同时还详细记录学生的应答分类（判断性、叙述性、述理性、扩散性、质疑、评价），帮助分析教师提问是否有效。

除此之外，通过对教师提问与学生应答的单独数据记录，生成观测记录的情况，如问题总数分类统计、小老师活动问答统计、教师评价统计等，以此来研究师生互动和生生互动情况。

【教师提问与学生应答观察分析】

以一年级上册《认识图形》为例，我们来看一看整节课教师提问与学生应答的数据。

一、问题总数分类统计

从教师提问与学生应答情况来看，本节课教师提问：判断性问题9次，叙述性问题24次，述理性问题7次，扩散性问题1次，总计41次。其中判断性问题占总提问数的21.95%，叙述性问题占总提问数的58.54%，述理性问题占总提问数的17.07%，扩散性问题占总提问数的2.44%，教师提问明确具体，具有针对性和指向性，给学生提供一定的思维方向和思考范围。此外，提问从易到难、循序渐进，有一定的层次性。但总体来看，叙述性问题和判断性问题还是较多，而述理性问题和扩散性问题较少，可以将其更多地转化，尽可能地提开放式问题，而不是封闭性问题。同时提问具有一定的深度，既要激发学生的好奇心、求知欲和积极的思维，又要使学生通过努力达到"最近发展区"，"跳一跳，摘桃子"。难易适度的问题，就能展开学生思维活动的广度和深度，能引导学生沿着符合逻辑的思路去思考。

二、教师评价

课堂评价作为教学活动的一个重要组成部分，能够对学生的学习过程和成果进行有针对性的反馈。而评价语言在课堂教学中担任着至关重要的角色，直接影响到评价的准确性和有效性，同时也关系到学生的学习动力和学习结果。蔡老师执教的这节课中有4次具体性评价，2次判断性评价，2次管理性评价，总计8次。评价比较具体、有针对性，充分肯定了学生，也有效地推进了课堂，是有效的评价。

三、问答分析

本节课单独回答次数34次，齐答次数11次，共计45次。其中单独回答里，叙述性回答20次、述理性回答12次。在小老师活动问答中，学生汇报3次，学生回答2次，学生质疑1次，学生补充1次。

从这些数据可以看出教师关注全体学生的发展，而学生在这样的学习环境下，积极性高，乐意参与学习活动。其中质疑、评价的数据更能够反映一年级的学生初步有了质疑和补充的意识，教师今后还需多多培养学生学会质疑、学会合作交流、学会补充以及多维度评价。

结合师生活动的观察对比来分析，教师提问总数41次，低于学生回答问题的总数45次，教师提问总数低于学生回答问题的总数，问答比为1：1.09，说明问题都是有效的，并且有的问题引发了多人次多角度的应答，说明教师的提问策略有助于培养学生合作交流、反思质疑。

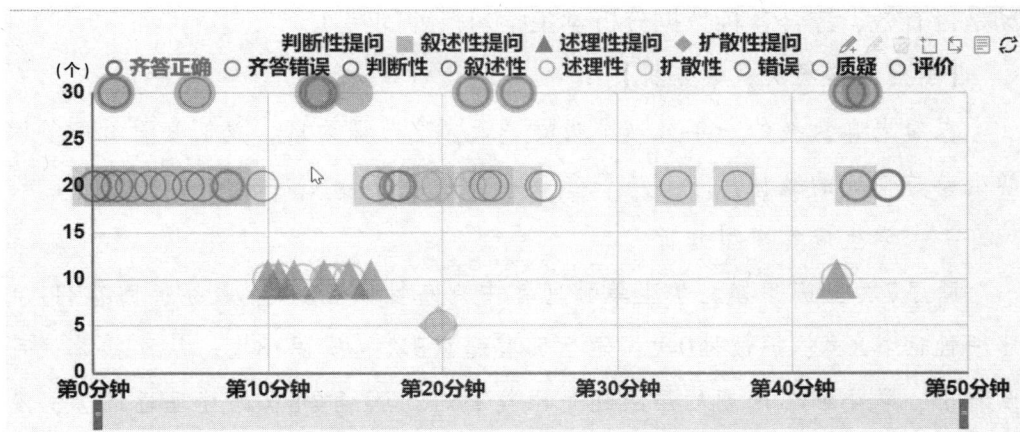

图4-5 课例《认识图形》教师提问与学生应答

从这个分布图可以看出，教师提问和学生应答集中在课堂教学的起始阶段和中段，即集中在视点导入、视点揭示、视点强化环节。视点导入环节通过有趣的问题导入，激发学生学习的兴趣和探索欲望，让学生学习目标明确。视点揭示和视点强化环节通过由浅入深、循序渐进的提问，一环扣一环，促进学生独立思考、自主探究，并启发学生思维，突破本节课的重难点。后半段时间为视点延伸与检测环节，先让学生自主完成练习，并通过游戏检验学生对知识掌握的情况。

3.3 学生应答层次

课堂观察中如何对这些学生行为进行观察，怎样科学、显性地记录学生行为数据，我校开发的数据化观察平台，其中有一个专题就是对学生行为的课堂数据进行记录。学生参与情况量表用于记录每一个学生每一次课堂回答问题的层次，包括判断性、叙述性、述理性、扩散性四个层次，也同时记录是否对同学回答进行质疑、评价、补充等。通过这些数据的收集与整理，分析学生应答类型、次数，分析生生互动情况。学生活动的观察量表从每一个小组成员举手次数，在信息与成果分享的过程中达到了怎样的层次：无效、普遍、深刻、创新；在操作知识检测、操作研究性方面达到了什么样的层次：无效、未达成、达成、创新，同时记录每一次小组活动时间。利用这些数据对学生活动中行为的有效性进行具体评价，帮助分析小组活动是否有效，综合各种数据分析学生学习行为的特质。

【学生应答层次观察分析】

以唐老师执教的一年级《小明的一天》这节课为例，我们来看看整节课学生参与情况的数据。

一、学生应答类型分析

除了7次全班齐答，学生单独回答中判断性回答0次、叙述性回答31次、述理性回答8次、扩散性0次，学生回答错误3次、质疑18次。从这些数据可以看出，学生回答问题的层级还是比较高的，已经有8次的述理性回答，没有最低层级的判断性回答。最值得关注的数据是质疑18次，说明孩子们很善于倾听、思考，对同学的回答提出自己的疑惑。但是在整个过程中出现了3次学生回答错误，这也是值得注意的问题，需要分析学生错误的原因——主要是学生没有听明白老师的问题。这就需要关注这几位学生以后的课堂倾听习惯与能力的训练、培养。

二、小老师活动数据分析

小老师活动指由学生作为小老师独立进行课堂汇报。这节课中有一次小老师活动，其中学生提问1次、汇报1次、回答2次、质疑1次、评价2次、补充2次。可以看出学生在与同学的交流中有了质疑、反思的意识和批判精神。值得注意的是，这是一年级的孩子，这样的数据让我们惊喜。长此以往，孩子们的质疑反思的能力将不断发展，孩子们亦将终身受用。

三、学生回答次数与热点图分析

从学生回答问题的次数看：整节课回答0次的孩子有11人，占全班人数的22.92%；回答1次的孩子有19人，占全班人数的39.58%；回答2次的孩子有11人，占全班人数的22.92%；回答3次的孩子有4人，占全班人数的8.33%；回答3次以上的孩子有3人，占全班人数的6.25%。从这个数据看出在该班的学生中，37个学生课堂中能发言、发表自己的意见，特别是有7个学生回答了3次以上的问题，说明这7个学生是非常积极参与课堂学习。但是有11个学生一次没有回答，这是值得我们关注的问题，他们是什么原因没有回答问题，是学生的问题还是老师的问题。如果是学生的问题，那么这些学生是什么原因没有回答，是不会、还是不敢、还是不愿意……老师应该怎么引导、帮助他们解决自己的问题，都是我们从课堂观察发现的值得研究的问题。如果是老师的问题，今后在课堂上我们应该改进自己抽生的教学行为和自己对这些学生的关注。

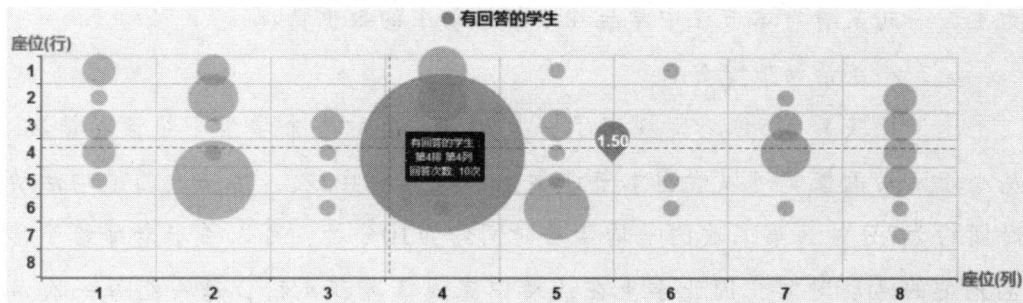

图4-6　课例《小明的一天》热点图

热点图中的圆圈表示学生回答问题的情况，回答次数越多圆圈就越大，没有出现圆圈的位置说明该学生没有回答问题。从这个热点图可以看出学生都能积极融入课堂。再与我们学生回答问题统计次数相结合分析，我们就能看到每一个学生课堂回答的情况，这样更有利于对每一个学生情况的分析与把握。比如第四列第四排的这一位学生一共回答了10次问题，说明他在课堂上相当的活跃，老师在课堂上可以适当地控制一下，把机会让给那11个没有回答问题的孩子：比如第三列的第一二排的孩子、第七八列第一排的孩子。这样，更多的孩子才有展示的机会，对于全体学生的发展才更有利。

课堂中观察学生的学习行为，关注学生会不会学习、如何学习、学得怎样，并对数据进行分析，提出改进的方法与策略。在一定程度上实现学生行为上的改善，实现全体学生的全面发展和个体发展，从而实现新课改的目标培养身心全面和谐健康发展的人。

3.4 小组活动

所有教学活动的落脚点都是学生的发展。在课堂观察中，除了关注教师的教学行为，更多地也要关注学生的学习行为。其中，学生的学习行为除了个人行为，还有合作的行为。小组活动这个角度的课堂观察和研究，能更加准确地分析学生的学习行为特质，判定教学活动设计是否有效，帮助教师更有针对性地调整自己、辅导学生。

【学生活动观察分析】

以杨果老师审育综合《组合》一课为例，这节课主要以学生的小组活动为主，一起来看看本节课中学生在小组活动中的数据情况。

一、小组活动概览分析

这节课安排了5位老师观察了一共20名学生的整个学生小组活动情况。从小组活动的概览可以看出本节课学生小组活动共2次，第一次的平均活动时间约为7分钟，第二次的平均活动时间约为10分钟，可以看出老师给了学生充足的活动时间，因此学生在活动中完成情况都不错，每一组每一次活动都完成了，并且还有两个组在第一次活动中获得创新的评价，说明学生不仅完成了此项活动，而且还有自己的独特的想法，有了创新的意识和能力。

二、某个小组4人活动的具体情况分析

我们选择其中一个小组活动来进行分析，从记录中可以看到每一位成员整节课的举手次数，两位男同学中周让一共举手5次、段熠桐举手7次，两位女同学举手次数都为0。再看一下小组活动中4位同学的活动表现：周让同学在信息研究、信息成果、操作知识检测与操作研究性中分别有1次创新、2次深刻和1次创新、1次达成和3次创新、1次达成；段熠桐同学只在信息成果中有1次深刻、在操作知识检测中有1次达成；唐诗艺同学在信息研究、信息成果、操作知识检测与操作研究性中分别有1次创新、2次深刻、2次达成、2次达成；黄楚涵同学在信息研究、操作知识检测与操作研究性中分别有1次深刻和1次创新、2次达成、2次达成。从学生表现情况的得分中我可以看出这一组的4名学生中，周让无疑是比较优秀的。

结合这些数据可以帮助我们分析学生的学习特质。从这些数据中可以看出虽然两位女同学举手次数为0，但是在小组合作中也积极参与，并且活动完成度也比较高，还有创新，说明这两位女同学也很认真地参与课堂活动，只是比较安静、内敛，不善于表现自己。两位男同学中段熠桐虽然举手比较积极，但在小组活动中表现欠佳，活动完成度有待提高。而周让同学不仅举手积极，在小组活动中更是表现尤佳，一共有5次创新，说明这个孩子善于思考、善于表现自己、动手操作能力强、创新意识强。而且从观测组对他的具体观察中发现他还具有较强的领导力，能带领该组的其他同学一起完成小组活动任务。这些都是我们课堂观察和从数据分析中得出的结果，在采访该班老师的时候发现与这几个学生平时的总体表现不谋而合。我们希望老师多鼓励两位女孩子积极展现自己，多关注段熠桐同学的小组活动的情况，对周让同学在创新方面给予肯定鼓励，另外给予其更多组织领导的机会，将其培养成老师的小助手。

4.成果

4.1 数据化课堂观察教学行为数据常模

通过对我校数据化观察平台收集的数据进行整理、分析，形成了数据化课堂观察教学行为的数据常模。

4.1.1 课堂教学六环节设计有效性常模

本维度以视点结构六环节的时间分布数据作为常模。导入环节要求视点导入简洁有趣，铺垫得当、引发思考，衔接过渡自然，紧扣学习主题，环节时间控制在5%左右。揭示环节要使教学视点能够清晰而明确地建构在学生头脑中，环节用时控制在30%左右。强化环节要巩固教学视点，让学生学习的新知能够内化，视点强化是一节课的重点，用时可以为一节课的30%左右。延伸环节要求从清晰的视点出发，按照一定的知识联系拓宽教学视野，用时10%左右。在检测环节中检测材料要有科学性和针对性，能根据检测结果反馈教学或补救教学，目标达成当堂见效，用时15%左右。回归环节需回扣教学视点，再度指向教学目标，归纳要简明、系统，规律总结要明了、科学，用时占一节课的10%左右。当然，有些不同类型的课（例如练习课、复习课），侧重点不同，可能在时间分布上也会有所不同，时间分布可做适当调整。

环节	要求	时间
导入	简洁有趣，铺垫得当、引发思考，衔接过渡自然，紧扣学习主题。	5%左右
揭示	视点能够清晰而明确地建构在学生头脑中。	30%左右
强化	巩固教学视点，让学生学习的新知能够内化。	30%左右
延伸	从清晰的视点出发，按照一定的知识联系拓展教学视野。	15%左右
检测	检测材料要有科学性和针对性，能根据检测结果反馈教学或补救教学，目标达成当堂见效。	10%左右
回归	能回扣教学视点再度指向教学目标，归纳简明系统，规律总结明了、科学。	10%左右

图4-7 视点结构六环节的时间分布常模

4.1.2 课堂教学教师行为有效性常模

本维度以教师的提问和评价数据作为常模。一节课提问总次数在30—40次比较好。判断性问题应控制在5个以内，叙述性问题在每一节课中都是最多的，在20~30个比较合理，而述理性问题和扩散性问题至少应有5~10个。当然一节课中述理性问题和扩散性问题越多，说明教师的提问给学生思考的空间越多，学生的思维也得到更广的发展。此外，有些不同学段的课（比如一二年级），由于课堂组织、兴趣调动的需要，可能判断性问题会适当多一些。

教师的评价中具体性评价越多越好，一节课至少5~10次，判断性评价控制在2~3个，管理性评价与学生年级相关，低年级管理性评价会相对多一些，一般为5次左右，高年级管理性评价会更少。

教师提问类型	建议个数	总数	教师评价类型	个数	备注
判断性问题	5个左右		具体性评价	10个左右	多一些
叙述性问题	20多个	30—40个	判断性评价	5个以内	尽量不要有
述理性问题	5—10个		管理性评价	5个左右	
扩散性问题	5个左右				

图4-8 课堂教学教师行为有效性常模

4.1.3 课堂教学学生行为有效性常模

本维度以学生应答层次和参与面作为常模。学生的齐答次数不超过10次，独答次数应多于老师提问个数，独答层次应等于或高于老师提问层次，学生的述理性和扩散性回答应多一些。课堂中学生能主动围绕问题学习，深入思考，提出自己的疑问，并对同学的应答从思路、方法等进行评价、补充。在课堂上学生能主动积极参与课堂的各项活动，独答、评价、质疑的参与面达50%以上。

学生行为	要求
学生齐答	不要超过10次
学生独答	应答的层次不能低于老师提问层次，次数应多于老师提问个数
学生提问（质疑）	课堂中能有学生提问、质疑
学生评价	学生能主动对同学的回答从思路、方法等方面进行评价
参与面	不低于50%

图4-9　课堂教学学生行为有效性常模

4.1.4 课堂教学小组活动有效性常模

本维度以小组活动的次数、时间、完成率作为常模。一节课小组活动的次数一般为2~4次为宜，每次活动时间在1—5分钟，每次小组活动完成率不低于70%为宜。小组活动中学生达成度的层次越高越好，如深刻、创新。

小组活动	要求
活动次数	2—4次
活动时间	1—5分钟
活动完成率	不低于70%
学生达成度	越高越好

图4-10　课堂教学小组活动有效性常模

4.2 数据化课堂观察的教学行为优化策略

根据数据化课堂观察教学行为数据常模，分析教师的课堂数据，有针对性地提出了数据化课堂观察的教学行为优化策略。

4.2.1 课堂教学六环节设计有效性优化策略

①环节要明确，目标要清晰。

②环节时间分布要合理。

4.2.2 课堂教学教师行为有效性优化策略

（1）教师提问

①控制提问数量。

②提高提问层次（适当的难度和开放性）。

③提问指向明确。

④提问后要候答。

（2）教师评价

①评价要具体、针对性强。

②评价要有引导性。

③语言评价、行为评价、集体评价三者相结合。

4.2.3 课堂教学学生行为有效性优化策略

①教师关注面要广。

②尊重个体差异，因材提问。

③引导学生主动评价、质疑。

4.2.4 课堂教学小组活动有效性优化策略

①活动要有必要性。

②活动要有层次性。

③活动要求要明确。

④活动时间要合理。

4.2.5 课堂组织教学优化策略

①组织形式多样，激发学生热情。

②语言生动形象（口头语言、肢体语言），创造积极氛围。

③挖掘知识魅力，体会学习快乐。

【报告范例1】

视点结构大数据课堂观测分析报告：《分物游戏》

执教者：成都市青白江区大弯小学　柳国红

一、教师提问与学生应答分析

这节课中教师总共提问43次，学生总共回答55次，其中，学生单独回答49次、齐答6次。在提问类型中，叙述性问题31个占72%、判断性问题5个占12%、述理性问题5个占12%、扩散性问题2个占4%，从漏斗图中可以直观看出教师的整个提问层次还是偏低了，有些问题老师直接问孩子选择哪一个？为什么？建议提高述理性问题的数量，提高提问的层次。整节课教师进行了20次评价，评价有针对性和引导性，其中具体性评价达到7次，可以看出老师非常注重对学生的评价。整节课学生齐答6次，叙述性的回答是39次，扩散性的回答1次，质疑8次，评价0次，学生应答高于教师提问，而且有8次质疑，可以看出孩子的思维还是非常好的，能大胆提出自己的质疑，说明孩子们倾听习惯好，还爱积极思考。

但是通过观测发现没有生生评价，建议老师在今后的教学中能注重培养学生之间互相评价的能力。

二、教学设计有效性分析

这节课的时间布局很合理，导入时间2分2秒，揭示时间13分21秒，强化时间13分8秒，作为一节新课还是很成功的。

建议：

1.对于低段的孩子，教师和学生尽量使用学具，比如小棒等。

2.在揭示环节中分桃子、分萝卜让学生充分借助学具摆一摆体验平均分。

3.在强化环节中分骨头有多种方法，应该放手让学生去探索方法的多样性，教师总结。

4.在检测环节中，老师带得过多，更多需要小组上台展示达到生生互动的目的。

三、学生课堂参与情况分析

1.从回答问题层次来看，本节课学生的回答以叙述性为主，述理性仅出现8次，这和孩子的年龄段有关（二年级）。学生回答中有1人是扩散性回答，说明孩子的思维有一定的深度。

2.从学生回答问题的分布来看，回答区域较为集中，后排孩子几乎处于教师的视觉盲区。本班有49人，未参与回答人数有25人，超过50%。

3.从热点图来看，同一个学生回答问题达到3次及以上人数较多，共有4人，教师应该将回答问题的机会分散给各个层次的孩子。

4.从教师巡视来看，后4排教师参与指导较少。

建议：

1.在课堂上尽量注意让孩子表述理由，而不仅说结果。

2.请孩子回答问题时，学生回答的覆盖面需要更广一些，教师可以多关注各个位置的孩子，避免视觉盲区。

3.在活动中，教师可以多关注不爱举手的孩子的表现。

四、小组活动分析

活动	人数（人）	名称	完成率（%）	问题和原因	建议
活动一	2	分萝卜	100	虽然学生都完成了分萝卜的活动，但是在教师提问环节，大部分学生出现了错答的情况，主要原因是活动前教师未做示范，学生并不清楚教师说的"分几次"是什么意思，所以出现了不清楚问题错答的情况	建议教师在活动前先示范，抛出一个问题，等学生理解清楚并能够解决之后再进行小组活动
活动二	1	画一画	90	教师在黑板上示范时，应该先请学生自主地想一想自己能够怎么表示，再布置活动，因为未发展学生的自主思维，所以导致学生在用图形表示平均分的时候，大部分学生能够知道"平均分"的意思，但还是有一部分学生不知道怎样去表示	建议教师能够先调动学生的自主探索能力，在探索中找到用图形表示的方法，学生会在接下来的操作中更熟练

续表

活动	人数（人）	名称	完成率（%）	问题和原因	建议
活动三	4	画完后小组交流	50	未完成率较高，主要原因是本活动是和上一个活动连在一起进行的，教师在做活动要求的时候表达不清，大部分学生没有进行小组内交流，部分学生在经教师提醒后能够在小组内展开交流	建议教师能够在做活动要求的时候明确地写出①②③每一步做什么，当学生明确要求后再开展活动
活动四	1	检测练习：练一练	60	教师给学生的练习和之前的课程内容要求不一致，也没有示范，导致学生失败率较高	建议教师先示范，联系课程内容和练习题，然后再布置活动，学生进行练习检测

【报告范例2】

视点结构大数据课堂观测分析报告：《统计图的选择》

执教者：成都市青白江区大弯小学　钟佩芸

一、教师提问与学生应答分析

这节课一共上了43分钟，教师总共提问20次，学生总共回答了29次，教师的提问每分钟提了0.47个问题，问答比约为1∶1.46，从这里我们可以看出，教师的每一个提问学生都有进行应答，说明教师的提问基本上每个问题都是有效的。

这节课中教师的提问，叙述性问题15个占75%，判断性问题1个占5%，述理性问题1个占5%，扩散性问题3个占15%，从漏斗图中可以直观看出教师的整个提问层次还是偏低了，有些问题老师直接问孩子选择哪一个？为什么？建议提高述理性问题的数量，提高提问的层次。整节课教师进行了7次评价，评价有针对性和引导性，最难能可贵的是有时候的评价很幽默，给孩子一种愉悦、宽松的氛围更能激励他们思考和表达。整节课学生齐答1次，叙述性的回答是18次，述理性的回答8次，质疑1次，评价1次，学生应答高于教师提问，且有评价和质疑，主动述理，可以看出老师平时对孩子的训练也是很不错的。

这些应答还不包括活动老师的活动，在这节课中学生进行了5次汇报，但在汇报后，学生补充10次、质疑1次，有生生之间的互动，还能大胆提出自己的质疑，说明孩子们倾听习惯好，还爱积极思考。

二、教学设计有效性分析

这节课，从时间分布上来看，导入用时1分52秒，揭示用时10分32秒，强化用时18分47秒，延伸用时11分31秒，回归用时49秒，检测用时7分59秒，符合我们对新课的常模，很好地解决了本节课的重难点。但是我们小组有几个建议：第一，刚开始三个统计图可以让学生来读表找信息，以免感觉老师一言堂。第二，在给人物画像的环节，有一个学生说这个人可能是老年人，老师应该给学生一点提示，说明这个人是老年人的可能性不大，概率很小，当然也有可能是时髦的老年人，以免学生认识出现偏差。第三，本节课上统计图的选择，老师还可以在统计图的决策上进行深挖！

三、学生课堂参与情况分析

1.从回答问题层次来看，本节课学生的回答以叙述性（23次）、述理性（8次）为主，因为本节课老师设置了很多开放性的题型让学生分析，只要学生有合理的理由，都是正确的。这节课孩子的评价（6次）和质疑（3次）也比较多，说明老师在课堂上充分调动了学生的积极性，学生的参与热度很高。

2.从学生回答问题的分布来看，老师关注了绝大部分的学生，第八列和第四排关注度不够，老师的关注还是比较全面的。

3.从热点图来看，有8个学生回答问题达到3次和3次以上，本节课单独回答人数有52人次，本班有47人，依然有20人完全未回答过一个问题，像这样完全不回答的孩子，老师给予机会，让他们参与课堂学习。也可以让回答多次的孩子，把一些层次较低的问题，分给这部分孩子回答，让更多的人参与课堂。

4.从教师巡视来看，老师参与度较高。

建议：

看起来课堂很热闹，大家都在回答问题，实际上老师还是把精力集中在爱举手爱表现的孩子身上，可以在课堂上让不举手的孩子也参与回答。

四、小组活动分析

整体分析

活动	人数(人)	名称	完成率(%)	问题和原因	建议
活动一	4	制作统计图，简单分析人物	85.7	打字较慢，分工不明确	在平时的课堂小组活动中，训练小组的分工和角色，使活动更有效率
活动二	4	串联数据分析人物	100	学生能够试着深入分析数据后的信息，大胆猜想，发散思维，对数据分析很感兴趣	多进行相关活动，调动积极性，发散思维

典型分析

学生	特点	建议	教师反馈
刘鑫豪	爱举手，喜欢在班上表现自己，在小组活动中更喜欢倾听，不善于表达自己的意见	老师需要多引导孩子们互相帮助，取长补短，发挥自己的长处，改正自己的不足	平时不爱举手，学习较吃力，对这节课感兴趣
黄溪月	举手0次，但是在小组活动中能够起到带头组织的作用，喜欢表达自己的意见		平时举手非常少，但是很踏实

（三）艺韵交融，美育润心

> 艺术之艺术，辞藻之神采，以及文学之光华皆寓于纯朴之中。
>
> ——惠特曼
>
> 艺术的真正意义在于使人幸福，使人得到鼓舞和力量。
>
> ——海顿

在时间的长河里，大弯小学如同一艘承载着梦想与学问的帆船，即我校美育驶入第三十个年头的港湾。这一路走来，我们以"以美育人，一以贯之"为指引，让无数年轻的心灵在知识的海洋中遨游，收获智慧的同时，也采撷了个性与情感的丰硕果实。这部分的成果，是"以美育人"理念在学校艺体学科领域的一次深入探索，如今，我们将这些珍贵的果实汇聚成册，以书籍的形式凝结岁月，记录下这段旅程的点点滴滴。

艺韵交融，美育润心，我们不仅见证了每个学生的成长和蜕变，也感受了教育的美好和力量。让我们携手继续在美的道路上前行，绘制出更多绚烂多彩的教育画卷。

1.陶情诗韵之美——陶艺特色课程

1.1 陶艺与美育的联系

学校的办学理念强调以美育人，通过美术教育培养学生的审美情趣和人文素养。陶艺特色课程目标中的"培养学生的美术鉴赏能力和审美情趣"与学校育人目标相一致，是实现学校育人目标的具体手段。

学校注重本土文化的传承，而陶艺特色课程目标中的"学习蓉欧文化"

正是对这一目标的直接回应，旨在通过美术教育传承和弘扬本土文化。

学校的办学理念关注学生的全面发展，而特色课程目标中的"提升学生艺术素养和美术创作能力"以及"培养学生时代责任感"都是对学生全面发展的具体落实。

陶艺作品的丰富色彩、独特形状和细腻质感，为学生带来了前所未有的审美体验。在大弯小学的陶艺课程中，孩子们通过观察、制作和品味陶艺作品，逐渐培养了对美的敏感度和鉴赏力。这不仅有助于他们更深入地欣赏和理解艺术作品，更在无形中提高了他们的整体审美能力。

大弯小学的陶艺课程注重实践性和体验性。孩子们需要亲自动手操作，从揉土、塑形到烧制，每一步都需要他们的实际参与和亲身体验。这种实践活动不仅让孩子们将理论知识与实际操作相结合，更让他们在实践中体验成功的喜悦和挫折的教训，从而更全面地提升自己的实践能力。

陶艺课程为大弯小学的孩子们提供了一种全新的学习方式和体验。在陶艺课程中，他们可以尽情释放自己的创造力，设计出独一无二的陶艺作品。这种创造性的学习过程不仅让孩子们感受到艺术的魅力，更为他们的学习生活增添了更多的乐趣和活力。同时，也体现了大弯小学以陶艺为特色的教育理念，让每个孩子都能在艺术的熏陶下快乐成长。

综上所述，陶艺与美育之间存在着紧密的联系。大弯小学通过开设富有特色的陶艺课程，让孩子们在实践中提升审美能力、创造力和动手能力，同时传承和弘扬传统文化。这不仅彰显了陶艺课程在现代教育体系中的重要地位，更展现了大弯小学对于美育教育的独特理解和实践。

1.2 为何开展陶艺特色课程

1.2.1 国家政策视角

近年来，国家对美育的重视程度不断提高，出台了一系列相关政策文件，如2015年9月15日，国务院办公厅印发《关于全面加强和改进学校美育工作的意见》（国办发〔2015〕71号）（以下简称《意见》）。该《意见》旨在加强和改进学校美育工作，构建科学的美育课程体系、大力改进美育教育教学、统筹整合学校与社会美育资源促进学生全面发展和健康成长。这些政策文件强调了构建具有中国特色的现代化美育体系的重要性，要求各级各类学校重视和加强艺术经典教育，积极开发具有民族、地域特色的地方和校本美育课程。这一背景为我们的课程建设提供了重要的政策支持和指导。

1.2.2 学校办学理念视角

以美育人是学校的重要办学理念之一。通过美育，可以培养学生的审美情趣、人文素养和创造力，帮助学生建立正确的价值观和世界观。在学校的办学理念指导下，我们需要深入挖掘和利用蓉欧文化资源，开展具有地域特色的美术教育，以提高学生的审美能力和文化素养，实现学校的美育目标。

1.2.3 教师与学生发展视角

教师是课程建设的主体之一，其专业素养和教学能力直接影响到课程的质量和学生学习的效果。通过对蓉欧文化及传统陶艺文化的深入学习和了解，教师可以提升自身的美术素养和教学能力，更好地指导学生进行美术学习和创作。同时，开展具有地域特色的美术教育，可以激发学生的学习兴趣和创造力，提高学生的审美能力和文化素养，促进学生的全面发展。

1.2.4 家校资源协调视角

家庭和学校是学生学习与成长的重要场所，两者之间的资源协调对于学生的发展至关重要。在课程建设中，我们需要充分利用家庭和学校的教育资源，加强家校合作，共同推进美术教育工作。通过家校合作，可以更好地整合资源、共享信息、协同育人，提高美术教育的效果和质量。

1.2.5 国际教育发展前沿视角

随着全球化进程的加速，国际教育发展前沿的理念和方法对于我们课程建设具有重要的借鉴意义。在国际上，许多国家和地区都注重本土文化的传承与创新，并将其融入学校教育中。借鉴国际上的成功经验，结合青白江区的实际情况，我们将蓉欧文化融入美术教育中，不仅有利于传承和弘扬中华优秀传统文化，也有利于提高学生的国际视野和文化交流能力。

综上所述，从国家政策、学校办学理念、教师与学生发展、家校资源协调和国际教育发展前沿等视角出发，开展具有地域特色的美术教育课程建设具有重要的意义和价值。通过深入挖掘和利用蓉欧文化资源，我们不仅可以提高学生的审美能力和文化素养，促进学生的全面发展，还可以传承和弘扬中华优秀传统文化，增强学生的文化自信心和民族自豪感。同时，这一课程建设也有利于推动学校美育工作的创新和发展，为培养具有国际视野和跨文化交流能力的人才做出贡献。

1.3 陶艺特色课程内容研究

在选择与组织特色课程内容时，我们首先考虑大概念、大观念或大议题统领的内容选择与核心素养导向的课程目标之间的一致关系。具体来说，我们以青白江蓉欧文化为核心，将其融入美术教育，旨在培养学生的文化认同感和艺术素养。

对于内容的选择与组织，我们充分考虑了不同年级或学段学生的身心发展特点、需求与愿望。例如，对于低年级学生，我们选择较为基础和易于理解的内容，如对蓉欧文化的简单介绍和基础陶艺技能的学习；而对于高年级学生，我们则增加了更深层次的内容，如对蓉欧文化的深入挖掘和陶艺创作的个性化指导。

在进阶设计方面，我们明确了纵向与横向的逻辑线索。纵向线索主要按照年级或学段进行划分，确保内容难度逐步提高，符合学生的认知发展规律；横向线索则注重不同主题或议题之间的联系，如将蓉欧文化与中外陶艺艺术作品欣赏、陶艺作品制作等内容进行有机结合，形成完整的知识体系。

特色课程内容的特殊性主要表现在以下几个方面：

1.3.1 地方知识融合

我们深入挖掘青白江地区的蓉欧文化和区域特色，将其融入课程内容，使学生更加了解和认同本土文化。

如：第一单元　蓉欧花开

简单了解"一带一路"蓉欧快铁文化。"一带一路"是"丝绸之路经济带"和"21世纪海上丝绸之路"的简称。"一带一路"的目标是要建立一个政治互信、经济融合、文化包容的利益共同体、命运共同体、责任共同体！

蓉欧快铁自成都青白江集装箱中心站出发，线路全长9826千米，运输时间为12—14天，是传统海铁联运时间的三分之一。然后再经过1—3天的快速分拨中转，货物就送达德国、法国、意大利、荷兰、捷克、乌克兰、俄罗斯等国家和地区的客户手中。本单元主要是了解蓉欧文化背景，了解途经国家的风土人情并以国花为主要元素进行陶艺作品创作。

①芙蓉与向日葵：泥片加捏雕。成都的市花是芙蓉，而德国的国花是矢车菊，又名蓝芙蓉。俄罗斯、乌克兰的国花都是向日葵。

②鸢尾与雏菊：泥球成型加捏雕。法国的国花是香根鸢尾，意大利的国花是雏菊。

③玫瑰与郁金香：泥片成型加捏雕。捷克的国花是玫瑰，哈萨克斯坦和荷兰的国花是郁金香。

④蓉欧版图：泥片切割加剔花加捏雕。以蓉欧快铁途经多个国家和地区为瓷板画的内容。

⑤国宝大熊猫：泥球造型。

1.3.2 生活中心

课程内容紧密联系学生的日常生活，如从日常生活和环境中寻找创作灵感，培养学生观察和表达生活的能力。

如：第二单元　丝路瑰宝

简单了解古丝绸之路与新丝绸之路再到"丝绸之路经济带"和"21世纪海上丝绸之路"。陶瓷是丝绸之路上的主要商品之一，丝绸之路也是瓷器之路。时至今日，陶瓷文化依然在同世界文明交流互鉴中不断进步。以中国传统文化精髓为神，将中西文化内涵融于作品中。陶瓷作品呈现出穿越感，具有东方美，同时还透露出西方式的浪漫情怀。瓷器沿着古丝绸之路和海上丝绸之路源源不断地输向世界各地，对沿线各国人民的生活方式、价值取向和审美情趣产生了很大影响。本单元主要以青花瓷盘、青花瓷瓶和粉彩瓷盘、釉上彩杯来再现丝绸之路中的典型物品。

①青花瓷盘：在素烧的盘子上手绘青花，以芙蓉花为主要花样加入国宝大熊猫的形象。

②青花瓷瓶：在素烧的坯胎上手绘青花，以蓉欧快铁途经的国家代表建筑为主。

③粉彩瓷盘：在素烧好的盘子上用釉下彩绘制装饰图案，以蓉欧快铁途经国家的国花为花纹样式。

④釉上彩杯：在烧制好的杯子上用釉上彩作画，以青白江樱花为主题。

1.3.3 主题融合

我们注重不同美术领域之间的融合，如绘画、雕塑、陶艺等，以多样化的形式表达同一主题，提高学生的综合艺术素养。

如：第三单元　异域风貌

无论是古代的丝绸之路，还是当今的新丝绸之路、蓉欧快铁，都是东方与西方之间经济、政治、文化进行交流的重要途径。不同的文化，不同的风土人情、建筑风格、饮食文化都是我们值得探寻的地方。蓉欧快铁在青白江建成通车后给成都的进出口贸易带来了便利的同时也推动了青白江经济的向前发展。在建中的蓉欧小镇就是非常好的体现，这样的举措更有利于交流与发展。本单元主要以风土人情、衣食住行为主要方向来进行陶艺创作。

①瑰丽的建筑：用泥片成型加捏雕的方法选择蓉欧快铁途经各国中喜欢的建筑形式进行创作。

②异族风情：用捏雕，釉下彩绘制图案必要时加剔花。选择蓉欧快铁途经国家具有代表性的民族，用陶艺表现其衣着特点及生活场景。

③舌尖上的蓉欧：捏雕、泥片成型等多种形式，将成都有名的美食与蓉欧快铁途经国家的美食用陶艺表现。

④蓉欧小镇：用泥片成型、捏雕等方法将中欧建筑形式融合表现，还可加入青白江有名的凤凰湖、樱花、杏花、八阵图、青铜马等元素。

1.3.4 综合探究

课程内容不仅限于传统的课堂教学，还鼓励学生进行实地考察、调研等活动，通过亲身体验来深入了解和探究文化现象。

1.3.5 未来趋势

我们关注艺术和文化的未来发展趋势，将新兴技术和创新理念引入课程内容中，培养学生的创新思维和未来适应能力。

1.3.6 合作与交流

特色课程内容注重与其他学校、机构或专家的合作和交流，共同开展教学研究、课程开发等活动。这不仅提高了课程的专业性和影响力，也为学生提供了更多的学习机会和资源。

通过以上措施，我们能够弥补国家课程的不足，根据本地、本校实际，彰显学校特色课程规划实施的课程能力。我们希望通过特色课程内容的实施，为学生提供更加丰富、多元的学习体验，促进他们的全面发展。

1.4 陶艺课程开展情况

1.4.1 课时安排

在特色课程内容的开展过程中，我们根据不同年级和学段学生的特点，采用了一系列的策略和方法。根据学段组建陶艺社团，低年级4个陶艺社团，高年级2个陶艺社团。

课时安排：

低年级：每周2个课时，分别用于学习基础知识和技能，以及实践操作。

高年级：每周2.5个课时，其中2个课时用于深入学习和实践，0.5个课时用于作品展示和交流。

1.4.2 教与学的方式

①情境教学：教师创建一个与蓉欧文化相关的情境，引导学生进入学习状态。例如，模拟蓉欧古道的场景，让学生扮演不同角色，体验历史文化。

②项目式学习：学生以小组形式选择一个与蓉欧文化相关的项目，如"蓉欧文化中的传统建筑研究"，通过实地考察、收集资料、分析整理，最终呈现一个完整的项目报告。

③合作学习：学生分组合作完成陶艺制作、绘画等任务，互相学习、互相评价，共同进步。

1.4.3 教学环境与资源设计

①硬件设施：建立专门的美术教室，陶艺室、烧陶室、配备陶艺制作设

备、绘画工具等。

②数字技术应用：利用多媒体技术，让学生亲身体验蓉欧古道的场景；利用多媒体技术，将虚拟的艺术元素融入现实，丰富学生的视觉体验。

③学习资源库：建立一个包含图片、视频、文献等资料的资源库，方便学生自主学习和研究。

1.4.4 评价方式

①过程性评价。教师观察学生在学习过程中的表现，记录学生的态度、技能和创新点，及时给予反馈和指导。

②作品评价。根据学生的陶艺作品、绘画作品等进行评价，评估其技能水平和创作能力。

③终结性评价。学期末进行综合测试，包括理论测试和实践操作测试，全面评估学生对特色课程内容的掌握程度。

1.4.5 课程实施案例分析

以"蓉欧文化中的传统建筑研究"项目为例，具体实施步骤如下：

①教师首先为学生创建一个关于蓉欧文化的情境，通过展示相关图片、视频等资料，引导学生进入学习状态。

②学生以小组形式选择"蓉欧文化中的传统建筑研究"项目，制定研究计划和时间表。

③学生通过实地考察、采访当地居民、收集相关资料等方式，深入了解蓉欧文化的传统建筑特点、历史背景等。

④学生整理和分析收集到的资料，通过PPT、海报等形式呈现研究成果，并与同学进行交流和分享。

⑤教师根据学生的研究过程和成果进行评价与反馈，指导学生进一步完善和改进。

在整个实施过程中，教师始终关注课程目标与内容学习方式的一致性。通过情境教学、项目式学习和合作学习等多种教学方式，引导学生主动参与和合作，促进学生的全面发展。同时，教师还利用数字技术丰富教学环境与资源设计，提供多种学习方式和资源供学生选择与使用。最终通过多种考核方式全面评估学生的学习成果和表现。

1.5 陶艺课程评价

新的艺术课程标准对美术课程评价提出了新的要求，美术课程评价是促进学生全面发展，改进教师教学，促进美术课程不断发展的重要环节。在评价过程中，无论是对课程的评价，还是对学生和教师的评价，最终目的是让课程和教与学发挥最优的成效。为此，我们要树立全新的评价理念，主要包括以下三个方面：

1.5.1 教学内容评价

评价课程是否有效地将青白江蓉欧文化融入美术教育中，内容是否丰富、是否具有代表性、是否能够帮助学生深入了解青白江蓉欧文化。具体来说，可以从以下几个方面进行评价：

①文化融入程度。评价课程是否能够将青白江蓉欧文化有效地融入美术教育中，是否能够将文化元素与美术知识、技能相结合，使学生通过学习深入了解青白江蓉欧文化的特点和魅力。

②内容丰富性。评价课程内容是否丰富，是否涵盖了青白江蓉欧文化的多个方面，如历史、地理、人文等，是否能够满足学生的多样化需求。

③内容代表性。评价课程内容是否具有代表性，是否能够反映青白江蓉欧文化的核心价值和文化特色，是否能够帮助学生全面了解该地区的历史文化和现代发展。

④文化理解深度。评价课程内容是否注重学生对青白江蓉欧文化的深度理解，是否能够引导学生探究文化的内涵和意义，以及如何将这些理解融入他们的美术作品中。

在教学内容评价时，可以采用以下几种方式：

①课堂观察。观察教师在课堂上对青白江蓉欧文化的讲解和引导，了解教师对文化的理解和教学方法的有效性。

②学生作品分析。分析学生的美术作品，看是否能够体现出对青白江蓉欧文化的理解和表达，以及作品的创意和艺术性。

③问卷调查。向学生发放问卷，了解他们对青白江蓉欧文化的认知程

度和对课程的满意度，以及他们在课程中的收获和感受。

④教师自评和同行评价。教师自我评价课程内容的质量和效果，同时邀请同行专家对课程进行评价，从多个角度了解课程的优缺点。

通过以上几个方面的评价，可以对青白江蓉欧文化在美术教育中的应用课程进行全面而客观的评价，为改进课程和提高教学质量提供有益的参考。

1.5.2 教学方法评价

评价教师的教学方法是否得当，是否能够激发学生的学习兴趣和创造力，是否能够有效地引导学生进行美术创作。具体来说，可以从以下几个方面进行评价：

①教学方法的多样性。评价教师是否采用多种教学方法，如讲解、示范、讨论、案例分析等，以激发学生的学习兴趣和创造力。

②学生的参与度。评价教师是否能够有效地引导学生参与课堂活动，是否能够营造一个积极互动的课堂氛围，使学生成为学习的主体。

③创意引导。评价教师是否注重引导学生进行创意性思考和创作，是否能够鼓励学生发挥个人想象力和创新精神。

④启发式教学。评价教师是否采用启发式教学方法，通过引导学生发现问题、分析问题和解决问题，培养学生的思维能力和解决问题的能力。

⑤个性化指导。评价教师是否能够针对不同学生的特点和需求进行个性化指导，帮助学生发挥自己的优势和潜力。

1.5.3 教学成果评价

评价学生的作品是否具有创意和艺术性，是否能够体现出学生对青白江蓉欧文化的理解和认识，以及学生的审美能力和创造力是否得到提高。教学成果是评价青白江蓉欧文化在美术教育中的应用课程的重要方面之一。具体来说，可以从以下几个方面进行评价：

①学生作品的创意性。评价学生的作品是否具有创意和艺术性，是否能够体现出学生的个人风格和想象力，以及是否能够将青白江蓉欧文化的元素与创意相结合。

②学生对文化的理解。评价学生的作品是否能够体现出对青白江蓉欧文化的深入理解和认识，是否能够将文化的元素与美术创作有机地融合在一起。

③学生的审美能力。评价学生的作品是否具有较高的审美价值，是否能够反映出学生对美的追求和表达，以及是否能够引导学生发现和欣赏生活中的美。

④学生的创造力。评价学生的作品是否具有创造力，是否能够突破传统的思维方式和表现手法，以及是否能够激发学生的创新精神和探索未知的勇气。

在评价时，可以采用以下几种方式：

①学生作品展示。将学生的作品进行展示，邀请学生和教师共同参与评价，从作品中了解学生的创意和表现能力。

②作品评估。根据学生在作品中所表现出的创意、文化理解、审美能力和创造力等方面进行评价，可以采用评分、评级或写评语等方式。

③教师观察。观察学生在创作过程中的表现和思考方式，了解学生的创造力和思维能力的发展情况。

④学生自评和互评。学生自己评价自己的作品，同时也可以进行同学之间的互评，从多个角度了解作品的优点和不足之处。

⑤前后对比。将学生在课程开始前后的作品进行对比，评估学生在创意、文化理解、审美能力和创造力等方面的进步和成长。

通过以上几个方面的评价，可以对青白江蓉欧文化在美术教育中的应用课程的教学成果进行全面而客观的评价，为改进教学方法和提高教学质量提供有益的参考。同时，也可以帮助学生了解自己的成长和进步情况，进一步提高他们的美术素养和创作能力。

1.6 陶艺特色课程开展成效

1.6.1 促进了学习方式的改变，增强了学生学习信心和兴趣

挖掘提炼蓉欧文化资源进行教学实践，学生学习兴趣浓厚，参与活动积极，美术作品质量提高，学生成就感提升。有效发展了学生的个性，改进了学习方法，有效促进了学生学习观念的转变。学生通过对本土资源美术的学习，由被动变为主动探究学习，主动实践创作，呈现出强烈的表现力和创作热情，并能灵活性地应用美术知识去解决实际问题。增强信心，技法兴趣。

1.6.2 培训学生的审美素养和创新思维能力，以美育人，促进学生全面发展

通过挖掘提炼蓉欧文化资源进行美术教学实践，学生积极性主动性有了提升，审美素养得到提高，加强了学生思维能力训练，特别是在进行本土资源作品创作中积极围绕本土资源进行创作，培养了学生的创新思维能力。在教学实践中，转变观念，不仅重视美术学科知识和素养的培养，更注重美术教学中"育人"功能，以德育人、以美育人，培养学生关注本土文化、热爱本土文化、热爱家乡艺术、传承民族文化，与时俱进关注本土的发展，培训学生关注生活、关注身边发展的时代责任感，促进学生的全面发展。

1.6.3 更新了教师观念，提升教师科研水平，促进教师专业成长

在研究过程中，教师不断加强理论学习，不断实践反思，提高了美术教师开发资源的能力和教学实践能力。在本土资源教学实践中教师不断更新观念，认识到美术教学的"育人"功能的重要性，不断改变教学方式，不断研究提升，做一个研究型教师，从而不断成长。

1.6.4 蓉欧文化在小学陶艺中的教学，以赛促研，成绩显著

挖掘、开发了相关资源课程并投入教学实践，效果突出，成效明显。积极研究，积极参加各类比赛，以赛促培、以赛促研，研训一体促教师专业发展。完成教学论文20余篇，发表8篇，撰写的文章获刊物发表成都市一等奖2篇，成都市二等奖2篇，青白江区一等奖4篇、二等奖1篇。汇编课题研究成果论文成果集。

1.6.5 加强师生作品创作，积极辅导学生创作，参加各级各类比赛成绩显著

辅导学生创作本土资源作品并积极参加各级各类评比活动。课题组辅导学生作品获奖如下：全国奖8个，成都市一等奖2个，青白江区一、二等奖

若干。

1.6.6 促进了学校美术教育特色发展

积极挖掘蓉欧文化资源，根据教师专业特长，初步形成本校美术教育特色发展。我校以"蓉欧陶艺"特色发展研究于2019年成功创建四川省艺术特色学校。

1.7 课堂教学案例

【课例1】

教学设计：《丝路泥语——国宝熊猫》
执教人：成都市青白江区大弯小学 黄昊

学习领域：造型·表现 设计·应用

工具：陶泥、陶泥工具、铅笔、釉料

一、教材分析

本课题为综合实践课，旨在通过学生共同探讨、研究，最后以学生个人创作或小组合作完成的方式把"陶艺——国宝熊猫"这一课题通过充满艺术感觉的双手展现出来，把一块普普通通的泥巴塑造成具有艺术生命力的陶艺作品，以此来达到本课的教学意图。本课通过正确引导学生欣赏国宝熊猫，了解陶艺的基本制作方法。学生通过刻画创作国宝熊猫的作品。激发学生美化生活的愿望，提高学生对生活物品和环境的创造结合能力。

二、学情分析

小学生对一切新鲜的事物都很感兴趣，特别是美术课中一些能够让他们充分"动"起来的内容。"陶艺——国宝熊猫"一课，正是让学生能够充分"动"起来的一个课题。既有动脑的设计构思、创意，也有动手把创意构思用双手创作出来的过程，在动脑和动手相结合的这一过程中，学生将体会到无限的乐趣，感受到成功的喜悦和自豪感。

三、教学目标

1.知识与能力目标：通过学生参与陶艺制作、学习、探究，认识陶艺这门学科，让学生感知美，从而培养学生对陶艺学科的热爱。

2.过程与方法：在学习过程中培养学生充分感受现实美和艺术美的能力。让学生在掌握技法的基础上，指导学生参与创作、尝试创作、学会创作，从而感受到创作带来的喜悦和成功，培养学生的想象力、创造力、动手能力。通过手脑能力结合来体现美育功能，促进学生手脑结合能力，提高对事物正确的形体美健康性和艺术性价值观，美育生活、服务生活。

3.情感态度与价值观：学生在参与陶艺学习、制作、欣赏的同时，感受到优秀中国传统文化的魅力，从而产生强烈的 爱国热情，同时培养学生爱劳动、讲卫生、节约泥料的良好习惯。

四、教学重难点

1.教学重点：让学生认识捏雕，清楚国宝熊猫的制作步骤，学会泥团的塑形和釉料的装饰。

2.教学难点：掌握陶泥制作中的基本技法并能应用。根据掌握的技法创作出具有个性的作品。通过了解家乡的变化来进行创意，并运用陶艺的形式展现自己对家乡的了解与热爱之情，创作出符合当今发展的童趣的陶艺作品。

五、教学过程

（一）激趣导入

（创造美育情境，引导学生体验美、享受美）

视频导入，激发兴趣，引入探究学习。

师：同学们，你们喜欢熊猫吗？（喜欢）那就让我们一起进入熊猫的世界吧！ 出示课题：国宝熊猫。

探究学习一：探究国宝熊猫，引入熊猫外交，同时引出蓉欧概念。

问题一：同学们，我们刚刚欣赏视频里的故事这位朋友是谁，它长什么样？

学生回答：熊猫……

师：介绍熊猫外交……

揭示课题：

第2课《丝路泥语——国宝熊猫》

展示图例：大家猜一猜，这些熊猫是怎么做出来的。

（美育目的：借助现代化教学媒体，让学生体验国宝熊猫的魅力，增进学生的自豪感。）

（二）探索新知

通过对陶艺的知识、历史、文化与美术特点的简单介绍，让学生初步感知陶艺之美。

探究学习二：

1.观察熊猫的图片。

观察熊猫的特征。

2.教师重点引导学生感知熊猫是由不同大小的圆组成的。

要点提示：在活动的欣赏部分，用卡通图片进行揭示熊猫的结构。

3.微课展示。

教师示范制作过程如下。

提问：如何搓？如何捏？如何粘贴，学生思考回答。

指导学生动手实践探究。

探究学习三：探究熊猫的动态及表情

师：如果让你制作熊猫，你想怎么表现，用到哪些动态呢？小组讨论。

讲解制作中的技巧有以下几个方面。

（1）手捏大泥团应注意掏空。

（2）搓泥条用力应均匀。

（3）拍泥板时厚薄应均匀。

（美育目的：在情景教学中了解陶艺熊猫的制作方法，培养学生自主探索学习的能力。）

（三）创作表现

师：老师也看到很多同学已经跃跃欲试，都想制作一件自己喜欢的陶艺作品。形式、方法、造型老师不作规定，老师希望大家开动小脑筋，创作别具一格的作品。可自己完成，也可以和同桌或前后桌合作完成。那我们还等什么，随着音乐一起制作吧。

（四）巡视辅导

及时展示、点评作业，让学生在欣赏他人作品的同时，将好的造型方法运用到自己的作品中去，取长补短。

（美育目的：让学生自主或合作进行造型创作，培养动手、动脑能力和团队合作精神。）

（五）教师总结及拓展（课后继续探究，将美育延伸到生活中，服务生活）

通过这一节课的学习，相信大家对我们祖国优秀的陶文化有了进一步的了解，也相信大家在以后的日子里会加倍努力，为祖国优秀文化的传承添砖加瓦。

学生作品展示

【课例2】

教学设计：《丝路泥语——蓉欧快铁》
执教人：成都市青白江区大弯小学　彭井

年级：四年级

学习领域：造型·表现、设计·应用

工具：陶泥、陶艺工具

一、教材分析

本课题为综合实践课，旨在通过学生共同探讨、研究，最后以学生个人创作或小组合作完成的方式把"蓉欧快铁"这一课题通过充满艺术感觉的双手展现出来，把一块普普通通的泥巴塑造成具有艺术生命力的陶艺作品，以此来达到本课的教学意图。本课通过正确引导学生了解青白江蓉欧文化、蓉欧快铁，了解陶艺的基本制作方法。学生通过创作蓉欧快铁的陶艺作品，激发学生美化生活的愿望，提高学生对生活物品和环境的创造结合能力。

二、学情分析

小学生对一切新鲜的事物都很感兴趣，特别是陶艺课能够让他们充分"动"起来。既有动脑的设计构思、创意，也有动手把创意构思用双手创作出来的过程，在动脑和动手相结合的过程中，学生将体会到无限的乐趣，感受到成功的喜悦和自豪感。

三、教学目标

1.知识与能力目标：了解捏塑成型的特点，探索手工捏塑成型的制作技巧。

2.过程与方法：通过教学，让学生能用捏塑成型的方法制作蓉欧快铁作品。

3.情感态度与价值观：培养学生对家乡的热爱之情，以及对生活及艺术创作的积极情感。

四、教学重难点

1.教学重点：了解青白江蓉欧文化。

2.教学难点：用捏塑成型的技法制作蓉欧快铁。

五、教学过程

(一) 激趣导入

通过多媒体视频导入，激发学生兴趣，进行思考，引入探究学习内容。

(教师播放青白江蓉欧快铁宣传片)

(二) 探索新知

1.通过宣传片的观看，了解蓉欧快铁的社会及文化影响，让学生初步感受蓉欧快铁的社会美。

2.通过图片欣赏，探索高铁火车的结构特征。

3.教师现场演示（或微课展示）捏塑高铁造型的过程。

（三）指导学生动手实践探究

请同学们运用学习的泥塑技法制作一列属于你自己的蓉欧快铁。在制作过程中，注意车厢与火车头之间的连接。可以小组合作完成。

（四）巡视辅导

对于制作过程中发现的一些问题和困难，教师及时提供帮助。

（五）作品展评

小组将作品进行展评。（本环节亦可安排在作品烧制完成后进行）

（六）教师总结及拓展

通过"蓉欧快铁"为成都乃至中国西部地区通往欧洲大地架起了陆上货运大通道，为成都建设面向欧洲市场的出口生产基地和欧洲产品贸易集散中心提供了物流平台支撑；"蓉欧快铁"的开行将从根本上打破西部地区发展外向型经济必须依赖港口的老路，变西部内陆地理劣势为出口欧洲前沿主阵地优势；班列将极大地改善和提升成都面对欧洲市场的投资环境，极大地增强产品出口欧洲的竞争能力。

"蓉欧快铁"，将中国西部与欧洲紧密地联系在了一起，她不仅是经济崛起之纽，也是通达全球之脉，她将为中国西部外向型经济发展注入快速发展的蓬勃动力，奏响古丝绸之路以来的亚欧经贸往来最强音。开通"蓉欧快铁"，是一次跨时代的创举，将彻底改变"蜀道难"的历史！

六、教学反思

"蓉欧快铁"，对于青白江乃至整个西部地区都有非常重要的影响，小学生对于火车类的制作兴趣也非常高，整个课程下来，学生对于制作环节情绪高涨，但是对于蓉欧文化类的知识兴致不高。所以在以后的教学中，对于有关政治文化类的内容，教师要多想点子，通过更有吸引力的方式来让学生认识家乡的文化，感受家乡文化的魅力，从而更加热爱家乡，立志建设家乡。

学生作品展示

【课例3】

教学设计：《异域风情——欧洲城堡》
执教人：成都市青白江区大弯小学　李敏

学习领域：造型·表现　设计·应用
工具：陶泥、陶泥工具、釉下彩、透明釉
一、教材分析

本课为"造型·表现"与"设计·应用"课，具有一定的综合性。学生了解欧洲的古老建筑城堡，运用美术的语言及基本造型元素以陶艺的形式进行造型活动，增进想象力和创新意识。通过对陶泥的认识、陶艺制作技巧和制作过程的探索及实验，发展艺术感知能力和造型表现能力。了解陶艺的知识、意义、特征与价值以及"物以致用"的设计思想，知道陶艺的基本程序，学会陶艺制作的基本方法，逐步发展关注身边事物、善于发现问题和解决问题的能力。体验陶艺活动的乐趣，敢于创新与表现，产生对美术学习的持久兴趣。养成勤于观察、敏于发现、严于计划、善于借鉴、精于制作的行为习惯和耐心细致、团结合作的工作态度，增强以设计和工艺改善环境与生活的愿望。

二、学情分析

本课所教授的学生是来自我校小学四年级的学生，这一年龄段的学生是想象力与创造力非常丰富和活跃的时期。他们对新鲜的事物有着浓厚的兴趣，在学校的课堂上学到了文化知识，还有美术相关的知识与技能。经过前几个学期的陶艺学习，已经对陶艺有所了解。这节课我将结合学生的特点，通过对陶艺课的教学使学生提高对美的感受能力和艺术创造能力。

三、教学目标

1.知识与能力目标：学生了解欧洲古老建筑城堡，运用美术的语言及基本造型元素以陶艺的形式进行造型表现。

2.过程与方法：通过对陶泥的认识、陶艺制作技巧和制作过程的探索及实验，发展艺术感知能力和造型表现能力。知道陶艺的基本程序，学会陶艺制作的基本方法，逐步发展关注身边事物、善于发现问题和解决问题的能力。

3.情感态度与价值观：体验陶艺活动的乐趣，敢于创新与表现，产生对美术学习的持久兴趣。感受到优秀中国传统文化的魅力、从而产生强烈的爱国热情，同时培养学生爱劳动、讲卫生、节约泥料的良好习惯。

四、教学重难点

1.教学重点：学生了解欧洲的古老建筑中的城堡，运用基本的泥压切等手法形式进行陶艺造型表现。

2.教学难点：掌握陶泥制作中的基本技法并能应用。根据掌握的技法创作出具有个性的作品。

五、教学过程

(一) 激趣导入

视频导入，激发兴趣，引入探究学习。

师：同学们，请看这是什么？（城堡图片）这就是欧洲常见的建筑城堡。

出示课题：城堡

探究学习一（探究城堡结构）

1.同学们，我们刚刚欣赏的城堡包含了哪些结构？

2.师：介绍城堡的由来与结构……

揭示课题

第9课《异域风情——欧洲城堡》

（二）探索新知

探究学习二

1.展示范作：大家看一看，老师展示的城堡里面包含哪些结构，是怎么做出来的？

2.通过再次认识陶泥、了解陶艺制作技巧和制作过程，让学生进一步了解陶艺这一工艺的艺术美。

探究学习三

1.观察欧洲城堡相关的图片。

2.教师重点引导学生用简单的形状概括城堡结构。（图片分析展示）

3.微课展示。

教师示范制作过程。

提问：如何搓？如何捏？如何粘贴，学生思考回答。

探究学习四　（探究城堡的多种造型）

1.师：如果让你制作城堡，你想怎么表现，主要表现哪些结构？小组讨论。

2.总结制作中的技巧。

①泥先团圆再压扁。

②压泥片时厚薄应均匀，切出需要的造型，注意切。

③城堡主体泥片可以略厚。

④泥浆少量涂抹均匀，无缝粘贴。

（三）实践阶段

1.创作表现

师：老师也看到很多同学已经跃跃欲试，制作出自己的作品。老师希望大家开动小脑筋，创作出别具一格的城堡。那我们还等什么，随着音乐一起制作吧。

2.指导学生动手实践探究，巡视辅导

巡视指导学生，及时展示、点评作品，让学生在欣赏他人作品的同时，将好的造型方法运用到自己的作品中去，取长补短。（说明：让学生自主进行造型创作，培养动手、动脑能力）

（四）拓展与展评

通过这节课同学们了解了欧洲的建筑之一城堡，运用陶艺的形式进行造型表现，做出了美丽的城堡，感受到了欧洲建筑的美。希望同学们爱劳动、讲卫生、养成节约泥料的良好习惯，做出更多与蓉欧文化相关的精美作品。

作品展示

2.悦享互动之美——音乐特色课程

2.1 "互动·体验式"教学与美育

小学音乐"互动·体验式"教学，即在小学音乐教学中，教师以小学生的认知心理特征为依据，通过创设具体的音乐情境再现教学内容，让学生通过亲身体验加深印象、构建知识、内化情感的教学组织形式。在"互动·体验式"的音乐课堂教学中，音乐知识与技巧的传授被淡化，取而代之的是通过对每一首歌曲的仔细聆听、认真体会与感悟，自主探索和领悟音乐之美，做到学生情感与音乐的交融，进而更深层次地掌握和理解音乐。小学音乐"互动·体验式"教学模式面向全体学生，注重知识与情感的自我构建，对于激发学生音乐情感和学习兴趣有着十分重要的作用。

"互动·体验式"教学，这种模式与大弯小学美育的理念高度契合。大弯小学美育旨在通过丰富多样的艺术实践活动，培养学生的审美能力和艺术素养，同时强调学生的情感体验和主动参与。将"互动·体验式"教学模式应用于大弯小学的音乐教学中，可以使学生更加深入地感受音乐的魅力，通过亲身体验和感悟，自主探索和领悟音乐之美。这不仅有助于提升学生的音乐素养，还能够激发学生的音乐情感和学习兴趣，从而进一步丰富大弯小学美育的内涵和形式。因此，可以说"互动·体验式"教学模式是大弯小学美育在音乐教学领域的一种有益探索和实践。

2.2 "互动·体验式"教学实施策略

大弯小学近年来致力于推行互动体验式教学，特别是在音乐课程中，这种教学方法得到了广泛的实施和深入地发展。通过创设情境、动静结合、细心分组以及生活化的课程设计，学生们在音乐学习中不仅提高了技能，还培养了对音乐的深刻感受和热爱。

2.2.1 营造氛围，让学生体验音乐的美

创设良好的情境，是有效开展"互动体验式"教学的关键，的确，音乐的一个魅力在于用声音去描绘一幅幅画面，而由于低段小学生想象力的发展还不成熟，对于这些场景的想象也便受到了限制，这会在一定程度上影响学生对音乐的感悟与体验。而通过情境的创设，就可以帮助学生拓宽其想象力，进而使学生在身临其境中感受到歌词所要传达的内容。例如：在上课之前，先使课堂气氛活跃起来，带着微笑对孩子们说："孩子们，今天我们要做一个非常好玩的音乐游戏，看看谁最先学会！看看谁做得最认真！"这样一来，就把孩子们的兴趣激发出来。在欣赏《狮王进行曲》时，将森林音乐会的情景贯穿整节课，激发学生兴趣，让一位学生扮演狮王，其他孩子扮演各种动物，在特定的情境中去欣赏整首乐曲，同时老师将教学任务变成游戏的方式去引导学生完成，以达到本节课的教学目标，游戏是低年级学生最喜欢的方式，通过情景设置，在游戏中激发学生的兴趣，为本节课的顺利学习打好基础。

2.2.2 动静结合，提高学生参与的积极性

好动是小学生的天性，在教学中，紧紧抓住这一心理特点，把学习内容融入活动中，特别是低年级学生处于"纯乐"阶段，想象力丰富，意志力差，注意力容易分散，这样教师应尽量让学生在玩中学，在学中玩，以达到学习的目的，如在学习《音的强和弱》时，可以先和学生做游戏，"我弱你强，我强你弱"，训练了学生的听觉和表现能力。然后用一个大鼓和小鼓，让学生上来敲一敲大鼓和小鼓，从中获得实际的感受，知道了物体的大小不同，发出的声音也有区别，接着老师再提问在同一个物体上要发出强弱音应该怎样获得？通过学生再次感受，懂得用力的不同，音的强弱也不同，最后悟出声音的大小即音的强弱。学生的学习积极性很高，一个个争着上台来尝试，这样学中有动，动中有学，寓学于乐，激发了学习兴趣。教师应力求动静结合，以此调动学生的学习热情。每一个学生都有权利以自己独特的方式学习音乐，参与各种音乐活动，表达个人的情绪。

2.2.3 细心分组，培养学生的内心听觉及合作能力

"学会共处，学会同他人合作"是21世纪教育的四大支柱之一。在音乐教学中，加强师生、生生之间的合作可以促进彼此之间的信息、情感交流反馈，突出学生的主体地位，有利于学生创新能力的培养。利用音乐实践活动提高学生良好的合作意识和在群体中的协调能力，是音乐课程目标中的重要内容。让学生牢记群体的和谐意识，最大限度地发挥团结协作的精神。我觉得学生的音乐实践活动能融洽人际关系，使学生明白什么是真正的共处与合作，有助于培养学生在社会交往中的团结协作能力。歌曲《谁唱歌》一课中，通过按节奏演唱儿歌、演奏打击乐器，准确的休止等方式，培养了学生的节奏感及合作精神，同时还可以通过改换儿歌及编排方式培养学生的创新精神。在《谁唱歌》一课中，按照活动的需要，将学生分成四组：数数、按节奏演唱儿歌、在指定的拍子上演奏打击乐器、表演动作。低年级的孩子，表现能力较弱，一开始进行合作是不可能的。在教学中，在单项集体练习之后，通过引导学生，仔细听别的同学数的拍子，培养学生的节奏感和内心听觉能力，使活动顺利进行下去。

2.2.4 结合生活，创编适合学生体验发展的音乐活动

音乐来源于生活，生活中处处有音乐的存在，音乐课堂教学应贴近生活，参与生活，激发学生对音乐学习的热爱。如《理发师》一课，可以启发学生利用身边的物品来模仿理发用具的声音，如用开关铅笔盒或两支铅笔碰击声来模仿剪刀声——咔嚓、咔嚓；用纸在桌上刮出的声音模仿水龙头的声音——哗哗；等等。又在《春天举行音乐会》一课中，可以让孩子们用摇铃的强弱表现雨声的大小，用报纸模仿风声。再如，利用废旧物自制打击乐器，培养学生的想象力和创造力。在课堂上引导学生充分利用废旧的饮料罐、玻璃杯、铅笔盒来代替沙锤、碰铃、三角铁、小鼓等，让他们在课堂上用自制的打击乐器演奏自己创作的节奏、旋律，边歌边舞。这样的音乐活动材料来源于学生身边的物体，表现的又是他们生活中最熟悉的事情，所以是培养学生探索、创造能力的最有效的方法之一。在整个过程中，学生的主动性得到发挥，这样，不但使学生养成了善于思考、敢于实践、勇于创新的好习惯，而且活跃了课堂气氛，提高了学习效率。

2.3 互动体验式教学评价探析

学生学习就是为了获得成功，享受成功的喜悦，并且成功的喜悦又会转化为进一步学习的强大动力。学生在学习上的成功使学生尝到学习的甜头，体验到成功的乐趣，这种积极的情感体验不仅可以提高学生的自尊心、自信心，而且可以提高学生成就动机的水平。音乐课程的评价不仅要关注学生掌握音乐课中的知识技能，而且要了解学生在发展中的需求，着眼于评价的诊断、激励与改善。通过科学的课程评价，帮助学生认识自我，使每一个学生获得学习的成就感。要评出学生对学习音乐的自信和学习的快乐；评出学生学习的热情、动力、兴趣，最终提高学生在音乐课堂中的各方面素质。

小学低段音乐课堂的评价主要是音乐表演方面的评价，评价形式有师生评，生生互评，学生自评；学生以小组为单位按评学目标开展合作学习，准备展示。学生在小组内自评、互评和纠错的基础上，再以组为单位到台前展示。通过自评、小组间互评、学生间纠错示范、当小老师教一教等方式进行智慧与情感的碰撞交流，最后教师针对学生的表现作点拨和总评。在

教学中要科学评价，努力创造更多的让学生体验成功的机会。同时要给学生以成功的期待，激起学生潜在力量，激发学生奋发向上的学习主动性。

2.4 取得的成果

大弯小学的互动式体验教学项目已经取得了显著的成果。通过实施一系列的改革措施，包括对音乐教学资源的评估、定期的专业培训、专家的课堂指导、内部赛课活动以及成果的总结与展示，学校成功地将课堂转变为一个充满活力、以学生为中心的学习环境。这些措施不仅提高了教师的教学技能和教学质量，也极大地激发了学生的学习兴趣和参与度。

在具体的操作中，大弯小学注重从实际出发，根据学校和学生的具体需要，采取灵活多样的教学方法。例如，通过问卷调查法了解学生的需求和反馈，利用文献研究法不断更新教学内容和方法，实践体验法让学生通过亲身体验来学习知识，案例研究法和经验总结法则帮助教师不断提升教学效果。

经过一段时间的实施，大弯小学的教学模式已经逐步成熟，形成了一套具有本校特色的互动式体验教学体系。学生在这种教学模式下，不仅学习成绩有了显著提升，更重要的是，他们的自主学习能力、合作交流能力以及解决问题的能力都得到了全面的提高。

总之，大弯小学的互动式体验教学项目是一个成功的范例，它展示了如何通过系统性的改革和创新，实现教育教学方式的根本转变，为学生提供一个更加高效、快乐的学习环境。

2.5 案例成果

成都市青白江区大弯小学的音乐教育，正以"体验式教学"为引擎，引领学生进入一个充满童趣与探索的音乐世界。我作为这一教学理念的倡导者与实践者，想通过《动物说话》这堂活动课，向大家展现如何让音乐课堂充满活力与情感。

体验式教学，不仅是一种教学方法，也是一种将学习过程转化为一种感受和体验的旅程。在小学音乐教育中，这种教学方式尤为重要。孩子们天生的好奇心和求知欲，让他们在学习音乐的过程中显得尤为热情和积极。音乐不仅是一种艺术形式，更是一种情感的语言，能够陶冶情操，丰富心灵。

体验式教学的实施，让音乐课堂变得生动起来。学生不再是被动地接受知识，而是通过主动参与、体验和探索，真正地与音乐融为一体。这样的教学，不仅让学生掌握了音乐知识，更重要的是，让学生学会了如何感受美，如何表达情感，如何与音乐进行对话。

在《动物说话》这堂课中，需要巧妙地将教学内容与学生的亲身体验相结合。通过模拟不同动物的声音，让学生在模仿中感受音乐的韵律和节奏，进而理解音乐背后的情感和故事。这种教学方式，不仅激发了学生对音乐的兴趣，更重要的是，它培养了学生的审美能力和创造力。

【教学案例1】

小学音乐课堂的体验式教学实践：《音乐童话世界——动物说话》

执教人：成都市青白江区大弯小学　王宇

一、教材分析

《动物说话》是一首歌谣风格的创作歌曲。它以独特的魅力，引领我们进入一个充满活力和乐趣的动物世界。它采用了2/4拍的节奏，一段体结构，简洁而富有韵律。这首歌曲以四分音符和八分音符为主，旋律平和流畅，通过重复、序列和变化重复的手法，巧妙地融合了语言特性，生动地描绘出各种小动物稚嫩的形象和声音。乐句中的加花伴奏巧妙地为歌曲增添了幽默与变化，使得小动物们仿佛跳跃在我们面前，栩栩如生。

二、设计理念

依据《音乐课程标准》领域二："表现"模块"演唱"部分的指导，本课程特别注重激发一至二年级学生的参与热情。在这个年龄段，学生应学会演唱儿歌、童谣和其他简短的歌曲，并能够用正确的姿势和自然的声音表达情感。同时，他们应该能够响应指挥动作，并识别简单的节奏符号，利用声音、语言和身体动作来表现节奏。本课程设计充分考虑到孩子们以形象思维为主，好奇心强，好动且模仿能力突出的特点，结合他们的自然嗓音和灵动的身体，运用说、唱、拍、演、创等多种手段，充分展现歌曲中小动物的可爱风采。我们重视学生的音乐实践，旨在让每个学生都能愉快地参与学习，享受美妙的音乐审美体验。

三、教学目标

1.能在听唱法活动中学会歌曲，能用轻快而有弹性的声音演唱歌曲。

2.熟练掌握歌曲中出现的××　×组成的节奏。

3.能准确地对歌曲乐句、间奏等做出相应走和停的动作节奏反应。

4.能在游戏、模仿、演唱、表演等音乐实践活动中，逐步养成歌唱、表演等音乐学习习惯。

四、教学重点

能用轻快而有弹性的声音进行歌唱。能准确地对歌曲乐句、间奏等做出相应走和停的动作节奏反应。

五、教学难点

完整地表现演唱、表演，跟随音乐走与停。

六、教学过程

(一) 律动游戏导入

1.（出示声势谱）师："首先，让我们大家一起做一个模仿游戏。这是我，这是你。"师每个动作共示范三次，学生模仿×× l ×× ×l。

2.师："合着音乐一起来。"前奏：原地踏步。音乐开始：摆头四次，拍声势动作，重复两次后，合着音乐继续摆头。（用伴奏第一次）

3.师："同学们完成得不错，让我们绕着圆圈走起来，注意：做动作的时候不移动，在原地做。"（用伴奏第二次）

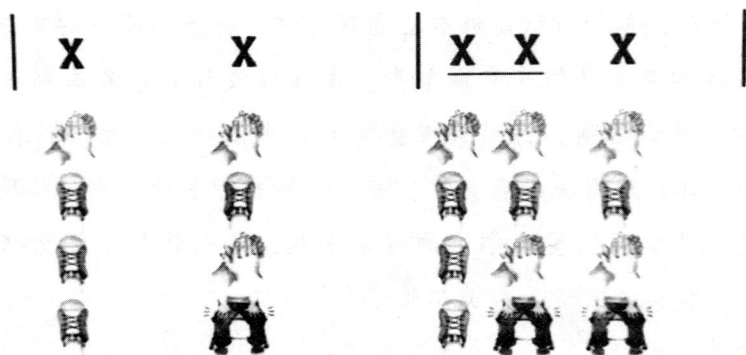

4.师："接下来，我会邀请认真又会动脑筋的孩子跟在我的身后，成为我的队员，没有被选到的同学，继续在原地做相同的动作。"所有同学由一个大圆变为两个圆圈。（用伴奏第三次）

5.完成后请同学轻声原地坐下。

（设计意图：通过模仿游戏，让学生熟练拍出声势，并清楚知道在哪里拍，怎么拍。为完整呈现表演做铺垫）

（二）听歌曲，表现动物形象

1.师："现在老师给这段音乐加入歌词，请你们仔细聆听，歌曲中出现了谁？请你用动作告诉我，注意，这个动作只能用手来完成。"（播放《动物唱歌》第一次）

学生动作表示：小鸡、小鸭、喜鹊、青蛙。

2.师："请仔细聆听，当歌词中出现动物叫声的时候，请你用动作为它伴奏。"（播放《动物唱歌》第二次）

（设计意图：加入表现动物形象的动作，让孩子在聆听的过程中熟悉旋律和歌词，为之后的演唱做铺垫）

（三）叠加一、二部分，通过走、停表现动物形象，拍声势熟悉歌曲

1.师："同学们完成得很好，给大家布置一个新任务，请外圈的孩子，做刚才拍手跺脚的声势动作。内圈的孩子，做表现小动物形象的动作。让我们试一试。请外圈的孩子起立。"（播放《动物唱歌》第三次）

2.师："内圈和外圈的同学，把你们的动作合起来，大家再来试一下。"原地踏步做。（播放《动物唱歌》第四次）

3.师："让我们围着圆圈，合着音乐走起来。"（播放《动物唱歌》第五次）

（设计意图：通过单独训练声势，走与停。为完整呈现表演做铺垫）

（四）第三乐句的创编

1.师："小动物们很开心，想要动起来，请同学们帮帮它们。我先来（创编动作：点头），老师表现的是小鸡啄米。接下来的三个小动物，谁愿意试一试？"（一个学生做准确后，所有学生模仿）

2.师："合着音乐一起来。"原地踏步做。（播放《动物唱歌》第六次）

3.师："围着圆圈，合着音乐走起来。"（播放《动物唱歌》第七次）

（设计意图：叠加创编练习，让表演形式更为丰富。多次聆听为学唱歌曲，完整呈现歌曲做铺垫）

（五）演唱歌曲

1.老师："听了多遍音乐后，我相信小朋友已经会演唱歌曲了。这一首有很多小动物发出叫声的歌曲，叫作《动物说话》，让我们试一试吧。请同学慢速，轻声演唱歌曲。"

2.学生演唱，老师纠正："同学们，这些小动物都是活泼可爱的，所以我们应该用轻快跳跃的声音来演唱，你们能唱出小动物的可爱吗？"

3.补充：青蛙叫声如有困难，单独讲解。（用手指着进行组合，解决歌词难点）

4.老师："同学们唱得真好，大家能边唱边做动作吗？"（原地踏步边唱边做）（播放《动物唱歌》第八次）

5.老师："围着圆圈，合着音乐边唱，边走。"（播放《动物唱歌》第九次）

6.学生表演并评价。

（设计意图：通过多次聆听，孩子们已能基本掌握歌曲，更需要的是对情绪上的处理，最终完整表演歌曲）

（六）尾声

1.老师："愉快的动物聚会结束了，需要同学们把小动物送回家，请你

们仔细聆听，它们是谁？怎样送它们回家？"（播放《小动物回家》第一次）

2.学生："小鹿跳跳跳，小鸭摇摇摇，乌龟爬爬爬，小猫静悄悄。"

老师："同学们能用动作表现一下小动物怎么回家吗？"（播放《小动物回家》第二次）

3.老师："现在，请同学和着音乐，送小动物回家吧。"（请同学依次走出教室）

（设计意图：通过表演小动物的动作，强化孩子的表演，创编能力）

七、教学反思

《动物说话》这堂课不仅教会孩子们有关动物的歌曲，还通过一系列精心设计的教学活动，提升了他们的音乐素养、协作能力和创新思维。首先，在二声部的演唱设计中，柯尔文手势贯穿始终。柯尔文手势把音高具象化，学生通过手势的高低起伏对音高有一个直观的感受，对找到音高，稳定音准有很大的帮助。其次，在口风琴吹奏旋律的设计上，教师并没有直接呈现旋律，而是通过引导学生找出歌曲的主干音后，再来五个音呈现，让学生参与音乐创作，真正实现课堂上的合作与创编。

"体验式教学"在音乐课堂中的应用，为小学音乐教育注入了新的活力。它让音乐教学不再局限于传统的教条和规则，而是变得更加自由、有趣和有意义。通过这样的教学方式，我们相信，每一位学生都能在音乐的世界中找到自己的位置，感受到音乐带来的无限魅力。

【教学案例2】

多维音乐体验提升学生音乐素养：《啊，朋友》
执教人：成都市青白江区大弯小学　陈鲸吉

一、教材分析

《啊，朋友》选自人教版六年级下册，歌曲为一段体结构，全曲由不规则的四个乐句组成，共五段歌词，弱拍起唱和切分音的使用使歌曲具有一种向前的推动感。旋律流畅，朗朗上口，学生很容易学会和掌握。

二、设计理念

六年级的孩子已经经过六年很系统的音乐训练了，基本的课堂乐器演奏、乐理知识、二声部演唱等都能很好地把握。为了更好地、全方位地体验和感受乐曲。本课采用了声势律动、二声部演唱、口风琴吹奏等音乐元素来表现歌曲。首先，在二声部的演唱设计中，柯尔文手势贯穿始终。柯尔文手势把音高具象化，学生通过手势的高低起伏对音高有一个直观的感受，对找到音高，稳定音准有很大的帮助。其次，在口风琴吹奏旋律的设计上，教师并没有直接呈现旋律，而是通过引导学生找出歌曲的主干音后，再来五个音呈现，让学生参与音乐创作，真正实现课堂上的合作与创编。

三、教学目标

技能目标：学会用欢快活泼的情绪演唱歌曲《啊，朋友》，并完成二声部演唱。

同时目标：感受体验游击队员的乐观精神，并根据主干音设计创编出口风琴吹奏旋律，并用口风琴为歌曲伴奏二声部，并采用多种形式来表现歌曲。

四、教学重点

学会用欢快活泼的情绪演唱歌曲《啊，朋友》，并完成二声部演唱。

五、教学难点

弱音的进入，以及创编旋律，使用口风琴吹奏。

六、教学环节

(一) 课堂导入

师：同学们好，今天陈老师邀请所有的同学跟我一块儿来做运动。（播放歌曲伴奏）

1.第一遍聆听，做恒拍练习。

2.第二遍聆听，做强弱对比的律动练习。

3.第三遍聆听，做强弱对比的律动，并在一些乐句进行填充。

4.第四遍聆听，加入脚步行进。（用轻轻的动作和夸张的表情提醒学生

轻轻踏步，课堂常规贯穿始终，避免课堂过于嘈杂)

5.第五遍聆听，手+嘴唱Bong Bong。

设计理念：节奏声势动作采用四二拍的，动作设计复杂多变些更有趣，更能展现身体的律动美感。

(二) 学唱环节 (二声部教学)

师：同学们，你们知道湖南卫视"声入人心"这档综艺节目吗？这是一档宣扬美声唱法的唱歌节目，其中有一个片段老师特别喜欢，想把它分享给你们。（播放视频)

师：刚才这个片段演唱的是《啊，朋友》，它是一首影视作品的歌曲，选自南斯拉夫的电影《桥》，讲述的是第二次世界大战后期，一小队南斯拉夫的游击队员经过一系列周密的安排和惊险的战斗，将德军撤退途中必经的一座桥梁炸毁的故事。

师：我们也一块儿加入游击队吧，请同学们模仿一下战士们行进的步伐。请同学们踮着脚尖，轻轻地踏步。

1.师示范，学生模仿。（同学们，我们可是去执行一项隐蔽的任务，请踮着脚尖，轻轻地踏)

2.教师示范，学生模仿。（轻轻踏了5下)

3.咱们可以试着用声音模仿脚步声吗？演唱Bong Bong，停止踏步，用手演示出音的高低。

4.战士们行进的步伐是加在歌曲哪儿的呢？

师：我们合着音乐，试一试。

1.师示范。

2.模唱，不发出声音。

3.轻声唱。

4.演唱模仿脚步声。

师：我们一起来试着演唱一下这首歌曲吧。为了让同学们的声音更有状态，我们先用LU来模唱。

师：让我们加入歌词试试。

师：同学们唱得不错，可是总觉得缺少点东西？刚才我们听"声入人心"的演唱，整个歌曲的情绪是有高低起伏、轻重缓急的。听上去非常感染人。那怎么来处理歌曲，才能让歌曲更加动听呢？刚才我们做的律动练习里就藏着答案。（边演唱边做律动，逐句分析）

师：好，我们就按照这样的处理方式来试试。（学生演唱时，老师同时加入二声部演唱，让学生感受和声之美）

师：刚才同学们有听到老师的演唱吗？老师想用歌声表现出我们电影中一个关键人物的情绪。这个关键人物就是被炸毁的桥梁的设计师。他花费了大量的时间和心血创造出了这座桥，像珍视孩子一样去珍视它。可是为了赶走法西斯侵略者，他不得不亲手去摧毁心爱之物。他的心情是复杂的、是悲壮的。请同学们试着用这种感觉来演唱。（给科尔文手势，用琴带着学生用"啊"模唱）

师：让我们合着音乐试一试。

设计理念：从二年级下册开始，人教版音乐教材就开始加入二声部教学，旨在让学生感受多声部合唱美，并在合唱的过程中，潜移默化地影响和培养学生合作学习的能力。《啊，朋友》这首歌曲是单一的一段体结构，全曲只有四个乐句，特别容易掌握，因此教师应深挖学生能力，适当增加歌曲的学习难度，使学习内容更丰富。所以本课设计了两处简单的二声部演唱。并一层层地通过声势律动、科尔文手势辅助，来逐步掌握二声部演唱。

（三）歌曲呈现环节

师：我们试试一起来演绎这首歌曲。一、二组是我们的战士组，请你们在歌曲中用歌声模仿脚步声来行进。我请一个同学用口风琴来发号施令。（请学生上台，口风琴贴上记号，先用第一段试验一下）

师：接下来，请我们的三、四组扮演设计师，请你们用"啊"模唱出设计师悲壮的情绪。

师：最后请五、六组担任演唱者，演唱全曲。还记得我们刚才的律动练习吗？一块儿加入进来。

师：我们一块来帮助演唱者回忆一下咱们的律动。（强弱对比的律动）

师：为了让每个角色都有当主角儿的机会，我们一个角色一个角色地叠加进来。

师：请看黑板，第一段请所有人演唱，并且进行恒拍的律动。第二段，演唱者演唱并做强弱对比的律动，战士组用脚尖踏步。第三段，演唱者保持不变，战士组用*Bong Bong*的声音代替踏步。第四段，演唱者，战士组保持不变，设计师组加入。第五段，所有组都保持不变。

设计理念：歌曲采用了多种音乐元素来进行全方位呈现，如果一上来就一股脑儿地大融合大杂烩，必然混乱不堪，达不到一个好的效果。因此一步步地依次有序叠加，让各音乐元素都有当"主角"的机会，最终达到一个好的呈现效果，让学生真正感受音乐的美。

（四）课堂乐器创编

师：同学们的声音太美妙了，都能参加"声入人心"了。刚才咱们在欣赏视频的时候，不光听到了美妙的歌声，还听到了美妙的乐器伴奏的声音。

我们也来试试用口风琴给歌曲伴奏吧。在吹奏之前，请学生思考一下，歌曲的主干音都是哪些？请你在PPT的空白处，填上你觉得合适的、好听的音符。（引导，讨论，总结，出示学生创作的旋律）

师：好，同学们拿出你们的口风琴。请观察老师的手，请把大指放在re音上，其余手指依次站好，每个手指都有自己的位置。

出示PPT谱子，请同学们动一动谱子上标注的指法。

师：发现了吗？我们口风琴的伴奏是从哪里进入的呢？（早字开始的）

师：我们试试合着音乐弹奏一下。

师：好，请同学们和陈老师合作，一起来吹奏这首歌曲。

口风琴教学设计反思：歌曲主旋律的设计已经很丰富了，所以口风琴伴奏的二声部应该设计得简洁并具有流动性的低音，弹奏更容易也更好听，其次引导学生在弹奏时速度要稍快些。

师：非常感谢同学们用美妙的歌声和琴声给大家带来美的感受与体验，今天的课就上到这儿，期待下次再见！

设计理念：课堂乐器是音乐教学的另一重点，不同于人声，乐器对音乐的表现更丰富多彩，从一年级开始就贯穿教材始终。口风琴是固定音高，学生很容易上手，学习起来简单有趣。所以，从三年级开始，本校就把口风琴教学纳入了校本教材来进行系统的学习。创编时，教师引导，学生自主提取主干音来进行创编，能够很好地培养学生的创编能力。

七、课后反思

在本次《啊，朋友》一课的教学实践中，我深切体会到了新课程标准下音乐教师角色的转变。通过声势律动、二声部演唱和口风琴吹奏等环节，我观察到学生们在享受音乐的同时，其音乐技能和创造力得到了显著提升。然而，在实施过程中也暴露出一些问题，如某些学生在二声部演唱时还存在音准不稳的情况。这提醒我在未来的教学中需增加对此技能的练习和指导。

此外，我注意到在集体讨论创作旋律时，部分学生表现出了出色的创意，但也有学生在独立思考上有所欠缺。因此，我计划在未来的课堂上引入更多支持个体发展的活动，并鼓励学生之间的交流与合作。

本课的另一个亮点是学生能够在多个层面上体验音乐，从拍子和节奏的感受，到旋律和声的创造，再到对歌曲情感的表达。这种全方位的音乐涉猎对学生的全面发展大有裨益。尽管如此，我认为在引导学生深入理解歌曲背后的文化和历史意义方面还有待加强。

总之，尽管本次课程在多方面取得了积极成效，但仍有改进空间。我将继续反思和优化我的教学策略，以便更好地满足学生的学习需求，并丰富他们的音乐体验。未来，我也希望进一步探索结合现代教育技术和多元文化资源的音乐教学模式，为学生提供更加丰富和动态的学习环境。

3.学科交融之美——STEAM教育

3.1 STEAM教育与美育

如果说科学是一把打开孩子们新奇世界的金钥匙的话，那么STEAM教育就是一串珍珠，串起了科学这把金钥匙，丰富了孩子们的科学世界。STEAM教育理念是培养综合型、应用型、创新型人才的教育，多采纳各学科融会贯通的方法，联合项目加以展开，以探究性学习为主，旨在培养学生的探究能力，提高学生科学、技术、工程及数学素养等。其教学模式基于构建主义，采用项目驱动的学习模式，以实践为首要形式进行开展。

STEAM教育理念是以培养学生终身学习的能力为目标，通过多种课程的整合，积极地鼓励学生在实际的项目中运用各种教育工具来进行思考、探索、体验整个过程，真正地参与到项目，不再像传统的教学，是站在前人的基础上间接地获得知识经验，而基于STEAM教育理念的学习是根据学生现有的知识经验的基础上，通过项目式的学习来培养学生的思维创新能力。

　　大弯小学从20世纪90年代开始致力于大美育研究，把美育内化为特色基因和文化气质，是全国大美育优秀试点学校、全国美育系统与美育心理发展研究实验基地，始终坚守"以美育人，一以贯之"的办学理念，全面深化新时代的至美教育。在新一轮课程改革的背景下，学校用大课程观规划学校特色课程，用视点结构理论完善美育课程体系，建构了"一体三维"的"美育新五圈课程系统"。

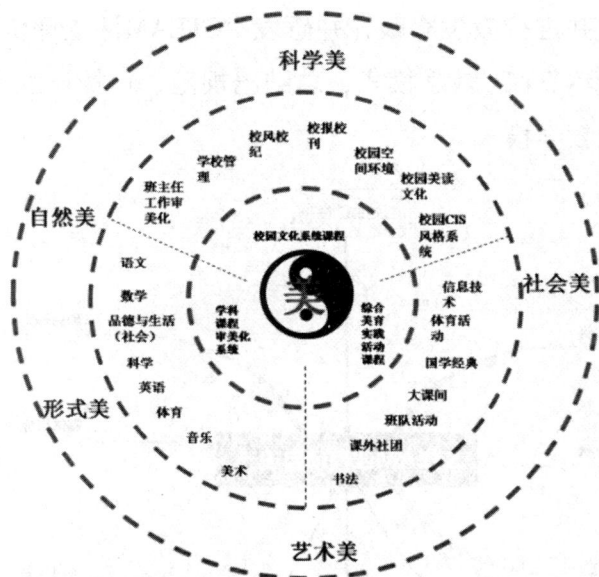

图4-11　"一体三维"的"美育新五圈课程系统"

　　"一体"指以学校美的外显系统（校园文化形象系统）与内在系统（美育课程系统）建设为体，建构"校园文化形象课程系统""学科课程审美化系统""综合美育实践活动课程系统"为主体的三维课程系统。"一体三维"美育课程系统工程，其最大的特点就是内生性、开放性和创造性，遵循大美逻辑，课程体系之间既相互融合又彼此渗透，而STEAM教育也强调学科知识的有机融合，这与我校的美育课程体系是共通的。我校已经开发了一系列美育校本课程，虽然取得了较为显著的成效，但课程开发也是基于传统理念下的基础学科课程及一些传统型校本课程。综合组通过课题研究将STEAM教育理念融入美育中，为我校开展创新教育实践等教学提供新的思路，持续推进大美育课程体系建设。通过努力，我们已经完成了"小学美育一体三维课程系统"顶层建构、形成了校园文化形象系统课程建设、形成了学科课程审美化建设、形成了综合美育实践活动课程建设等一系列初步成果。

3.2 怎样开展STEAM课堂教学，开展现状如何

基于STEAM教育理念，以我校美育系统课程为导向，进行教学实践设计，将小学课程内容与STEAM教育理念进行融合，开发出具有探究性活动的STEAM课程，并进行教学实践，并研发"STEAM课堂评价模式"，结合学校"视点结构六环节+"教学模式，总结出规范、可操作性强、符合本校特点的STEAM课堂教学模式。

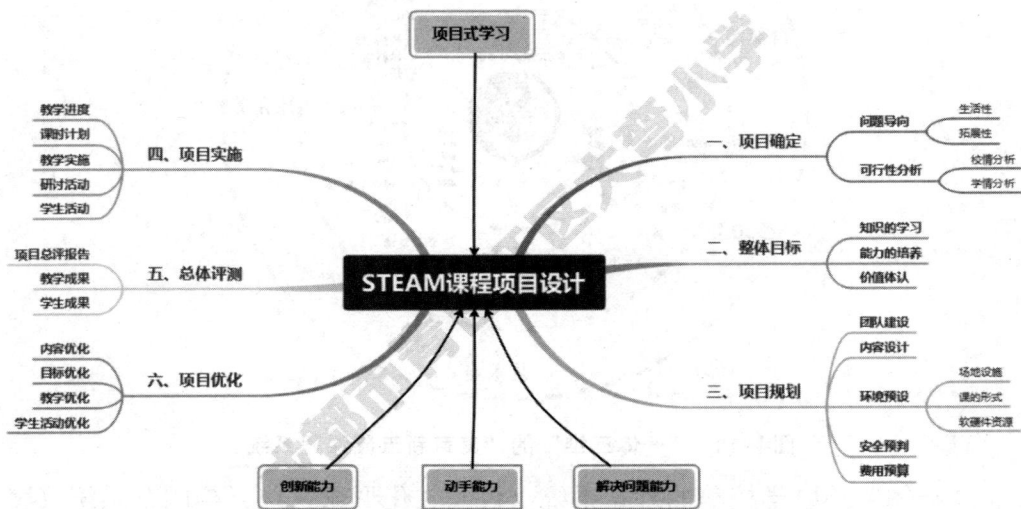

图4-12 STEAM课程项目设计

课程体系主要由课程观、课程主题、课程目标、课程内容、课程结构、课程活动方式以及课程评价等方面构成，包括课程设计、课程实施、课程评价、课程优化等流程。

STEAM课程是我校课题研究的重要内容，学校"一体三维"大美育课程体系主要包括文化系统、课程审美系统和实践活动，联系学校实际，并将STEAM课程定义如下：STEAM课程是在STEAM教育理念的指导下，结合学校大美育课程体系，将STEAM教育的各要素按一定的逻辑顺序进行有机

组合，通过至美课堂和至美活动等形式，最终指向教学目标的一种课程体系。

3.3 STEAM教育的创新点

STEAM教育打破了传统教育中教师为主体的模式，强调以学生为中心，教师的作用转变为指导和协助。这种教育模式关注学生的需求，以学生的需求为导向，强化教学环境的多元化和资源的丰富性，通过实践活动、项目研究等方式，让学生在实际操作中学习和成长，拓展学习的广度与深度。STEAM教育将科学、技术、工程、艺术和数学融合在一起，以综合的视角认识和改造世界。打破了传统教育只能让学生接受单一学科知识的局限，不仅扩展了学生的知识视野，也促进了学生综合素质的培养。

STEAM教育旨在培养学生的创新能力、解决问题的能力和团队合作精神。这些能力对于学生在未来社会中的发展和适应具有重要意义。它鼓励学生以跨学科、多角度、综合的视角认识和改造世界，整合不同领域的知识来解决问题。STEAM教育注重实践，鼓励学生在实际问题中应用所学知识和技能，提高他们解决问题的能力。同时，它也鼓励学生发挥创造性，提高他们的创新能力。STEAM教育强调团队合作，鼓励学生在团队中相互协作，提高他们的团队合作精神。这种合作精神对于学生在未来社会中的适应和发展具有重要意义。

3.4 STEAM教育的成果

3.4.1 认识性成果

①整合美育与STEAM教育的必要性与实效性

在STEAM教育过程中通过理论分析与教学实践我们认识到，将美育融入STEAM教育对于小学生的全面发展是必要的。美育不仅提升了学生的审美素养和创意表达能力，而且有助于培养学生的情感、态度和价值观。在STEAM课程中注重艺术元素（Arts）的整合，能够激发学生的创新思维和跨学科连接能力。这种整合能显著提高学生对科学和技术主题的兴趣，并增强他们解决问题时的创造力和应用能力。在课程实施中，我们注重培养学生的主动性、合作性和创新性，通过探究性活动引导学生发现问题、解决问题，提升他们的实践能力和创新精神。

②探究性学习活动在知识内化中的作用

STEAM教育实践中设计的以探究为中心的学习活动证明了其对学生主动学习和深入理解知识的促进作用。这些活动要求学生应用跨学科知识解决实际问题，培养了他们的批判性思维、协作沟通和自我反思能力。认识性成果显示，探究式学习不仅增强了学生对STEAM概念的理解，还帮助他们建立起知识之间的联系，促进了知识的内化和应用。

③教师角色转变与专业发展的重要性

STEAM教育的实施过程中认识到，教师在STEAM教育中的角色转变为关键因素。教师需要从传统的知识传递者转变为引导者、协助者和学习者。教师在引导学生进行探究学习时，需要具备跨学科知识和灵活的教学策略。此外，教师的专业发展也显得尤为重要，需要持续提升自身的STEAM教育理念理解和教学实践能力。有效的教师专业发展机制能够显著提高STEAM课程的实施效果，为学生创造更加丰富和有意义的学习经历。

3.4.2 操作性成果

①构建了学校STEAM课程教学模式

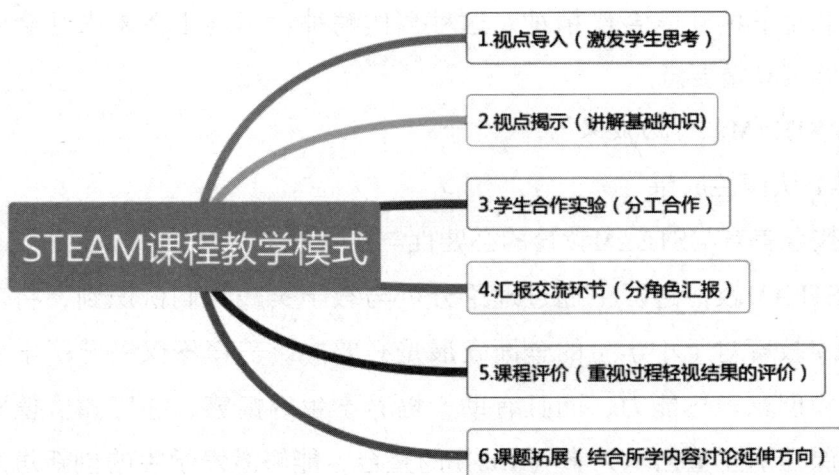

图4-13　STEAM课程教学模式

②形成了STEAM课程评价模式

STEAM教育的课程评价模式，结合我校的课程评价体系来具体执行，

STEAM课程评价内容分为知识掌握性、实验操作性、思维创新性；评价的角色包括上课教师、小组同学、学生自己。

③STEAM课程开发过程

在集中精力做好STEAM基础课程的学习与课堂实践的基础上，通过团队协作，认真反思基础课程内容和上课过程中出现的问题，交流问题的解决方案，通过各种途径化解问题，优化课程，从而丰富校本课程内容、深化课程实施，形成STEAM校本课程，自编教材，进一步完善了学校美育系统课程的建设与应用。

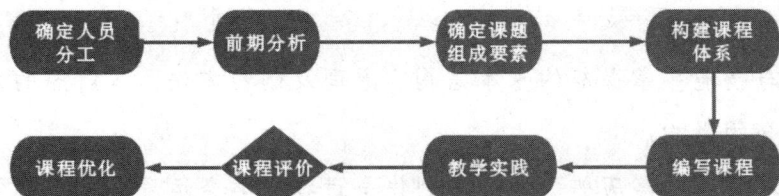

图4-14　STEAM课程开发过程

【综合实践案例1】

我们一起启航：《船的设计与制作的实践活动设计》

执教人：成都市青白江区大弯小学　粟璇　邓晓晓　沈跃国

一、活动背景与意义

船是日常生产生活中常见而重要的交通运输工具，船的发展史也是人类科技进步的历史，体现了人们发现问题、解决问题的过程，蕴含着丰富的科学教学资源和教育价值。

在五年级下册《船的研究》单元以船的材料、结构、动力等发展演变过程中的重要节点为内容，引导学生在认识、设计、制作船的实践活动中，初步感知浮力，体验生产生活需求对科学技术发展的推动作用；以船的演化史为线索，引导学生认识船只经历了"浮的材料—沉的材料""自然动力—机械动力"等发展历程；结合这些发展演化过程中的节点开展设计与制作船的动手实践活动，让学生深入体验人类为了提升船只的载重量、稳定性、动力性能，对造船材料、内外部构造、动力装置等进行不断改进和发明。

因此，本次实践活动以五年级下册《船的研究》单元学习为基础，引导学生运用技术与工程的思想和方法，在情景化、真实化的实践活动中，体验社会需求转化为一个个具体的工程技术问题的过程。促使学生通过设计、制作、评测与完善等过程，运用科学、数学、技术和工程等学习方式，在优化工程模型中发展动手能力，积累解决问题的方法和经验，丰富科学概念的内涵和外延。

二、活动目标

知识与技能：掌握船的基本结构、原理及制作方法，了解船的发展历程及其对社会的影响。

过程与方法：经历船的设计与制作全过程，学会运用科学、数学、技术和工程等多学科知识解决实际问题。

情感态度与价值观：培养学生的创新精神、实践能力和团队协作精神，激发学生对科学与技术的兴趣和热爱。

三、活动形式与实施步骤

本次活动采用教师引导、学生为主体的形式进行。具体实施步骤如下：

（一）第一阶段：知识讲解、活动准备与宣传

1.教师进行知识讲解

教师制作船的相关课件，利用科学课进行知识讲解。把学生引入探讨的情境，激发学生探讨的欲望。我们来看看教学片段：视点引入。

老师（微笑）：同学们，现在你们都是小小船只设计师。如果让你们来设计一艘船，你们会设计什么样的船呢？

学生A（积极思考后回答）：老师，我想设计一艘能够在海上快速航行的船，就像那些豪华的游艇一样。

老师（点头）：很好，学生A想要设计一艘豪华游艇。那你能告诉老师，为了让这艘船快速航行，你会考虑哪些设计因素吗？

学生A（自信地回答）：我会考虑给船配备强大的发动机，还有流线型

的船身，这样可以减少水的阻力。

老师（鼓励）：很棒的想法！其他同学有没有不同的设计思路呢？

学生B（举手）：老师，我想设计一艘能够变形的船，可以在水上航行，也可以潜入水中探索海底世界。

老师（好奇）：哦？学生B想要设计一艘能够变形的潜水船。那你能描述一下这艘船变形的原理吗？

学生B（兴奋地说）：我想在船底安装一些可以伸缩的轮子，让它能在水上和陆地之间自由切换；同时，船体还可以加装密封装置，让船能够潜入水中。

老师（赞许）：非常有创意的设计！学生B考虑到了船的多功能性和变形能力。那么，学生C，你有什么设计想法呢？

学生C（认真思考后回答）：老师，我想设计一艘环保船，使用清洁能源驱动，不污染海洋环境。

老师（赞赏）：非常好，学生C提出了环保的设计理念。那你能说说这艘环保船会使用哪些清洁能源吗？

学生C（回答）：我想使用太阳能和风能来驱动这艘船，可以在船顶安装太阳能电池板收集太阳能，同时利用风力发电装置利用风能。

老师（鼓掌）：非常棒！学生C考虑到了环保和可持续能源的使用。通过今天的讨论，我们可以看到设计船只需要考虑多个方面，包括航行速度、变形能力、环保理念等。在接下来的船只制作活动中，我希望大家能够充分发挥自己的想象力和创造力，设计出独具特色的船只作品。

2.利用科学课、社团、延时服务进行活动宣传，积极动员学生参加活动。

3.教师制定"初建→反思→再建"三锚式进程，预估活动进程与活动时长。

4.引导学生观察身边的材料，思考哪些材料可用于船的制作。

设计意图：为学生提供知识基础，引导学生结合学到的知识，分析船的结构，探讨制作方式。

（二）第二阶段：初造航船

1.4人一组，以小组为单位制定制作方案。

2.确定选用哪一种材料进行制作，并商讨如何确定所制造小船的载重量等细节问题。

3.分工准备：绘制设计图、准备制作材料。

4.航船制作。

船的制作方案			
班级		成员	
制作材料			
活动分工			
设计意图			
存在的问题			

设计意图：建造小船就是一个"模糊的任务"，而能够浮在水面并承载一定的重力就是一个"明确的结果"。学生按团队所商讨的制作方案进行"造船"活动，要求他们完成小船设计图。体验造船的乐趣，并发现造船不简单。学生遇到的实际问题越多，意味着围绕这些问题所能展开的后续改进措施就越多。

（三）第三阶段：测试、反思

1.载重测试

利用钩码和垫圈对制作好的船进行载重测试，设定基础标准：100g，超过100g后每超过50g进行加分。

2.航行测试

（1）户外流动水域（流速较慢）航行测试，可以到达对岸即可。

（2）静态水域航行测试，全航道2.5米，检测直线航行能力，设置60分、70分、80分、90分、100分分区，根据到达区域获得相应得分。

3.分享、交流与反思

各组以小组活动情形记录表为依据，对本组情况进行分享总结。分享总结后各小组组内交流反思。

设计意图：记录细节，引导学生做好测试前后的记录工作，能够尽可能多地呈现出各种细节；交流展示环节需要学生通过分享的方式，从自己和他人的活动中获得启发、反思总结，小组之间相互质疑、相互请教，达到一起提高的效果。对整个学习活动加以提炼，形成较为统一的科学认识。

（四）第四阶段：改进重建

1.教师绘制各组所建造小船的数据表，并让学生结合最终的载重量进行分析和归纳。

2.改良设计：在明确"相同情况下容积越大，所能承载的重量就越大"的科学原理的情况下，重新设计并完成草图的绘制。

3.再次搭建。

4.二次测试：载重测试、航行测试。

设计意图：引导他们发现小船体积和载重量之间的内在联系。让学生试着用数学方法来寻找出事物之间的内在关系，渗透了科学研究与工程实践之间的一种理论假设与实际解决问题的最优化思想。

（五）第五阶段：后期安排

1.学生完成成果摄影、心得体会等。

2.开展汇报成果活动，成果分享，对本次活动进行总结，加强学生研究性思维。

3.鼓励学生继续开展制作活动。

四、活动效果与展望

本次实践活动是小学科学制作实践活动之一，后期我校会以各年级为单位开展一系列制作实践活动，在引导学生经历"问题—设计—制作—测试—完善"等技术与工程过程的同时培养学生观察、记录、汇总归纳等多方面的能力。同时我们还将加强与相关科研机构、社会企业的联系，拓宽学生获得信息的渠道。

本次实践活动历经一个半月，五年级全体学生积极参与，最终成功制作各类小船60余件、学生反思心得百余篇。有的同学主动承担拍摄任务并进行分享，有的同学回家后继续进行制作改良，还有学生尝试制作水陆两栖车，这些都向我们展示了个人的风采，也向我们展示了探究精神。

学生最终呈现的作品必然是各不相同的，这意味着他们在解决现实问题时，所采取的策略是各不相同的。通过设计制作过程学生意识到：载重小船的建造涉及多种学科知识，具体包括材料、浮力、密度、形状与结构甚至流体力学等。

综合实践活动让学生走出课堂，走入更广阔的学习天地，需要构建学校、家庭、社会的立体框架，它不单单需要教师的全身心投入，同时它也需要全社会的一起关注。这就需要咱们多方和谐，落实活动实效。

【综合实践案例2】

设计方案：《有趣的弹跳玩具》
执教人：成都市青白江区大弯小学　向鑫　邓晓晓

一、活动背景

在日益重视素质教育的今天，综合实践活动课程成为培养学生综合素养和创新精神的重要途径。本次《有趣的弹跳玩具》综合实践活动旨在通过亲手制作弹跳玩具，让学生在实践中体验科学探究的乐趣，提升其动手能力、创新思维和解决问题的能力。活动将紧密结合学生生活实际，以卡纸和橡皮筋为主要材料，引导学生进行探究性学习，培养其科学素养和实践能力。

二、活动目标

1.通过实践活动，激发学生对科学探究的兴趣和热情。

2.培养学生的动手能力、创新思维和解决问题的能力。

3.引导学生学会观察、实验和记录，提高其科学探究能力。

4.增强学生的团队合作精神和责任意识。

三、活动准备

（一）材料准备

卡纸：选择质地较硬、厚度适中的卡纸，以便制作出结实的弹跳玩具。

橡皮筋：选择弹性好的橡皮筋，以确保玩具的弹跳效果。

剪刀、胶水等制作工具。

（二）知识储备

教师在活动前需向学生介绍弹跳玩具的基本原理和制作方法。

学生需了解基本的物理力学知识，如弹力、硬度等。

（三）分组与分工

将学生分成若干小组，每组4~5人。

每组选出组长，负责协调组内成员的工作。

组内成员需明确各自的任务，如设计、制作、测试、记录等。

四、活动过程

（一）第一阶段：激发兴趣与探究欲望（2课时）

导入新课：教师通过播放弹跳玩具的视频或实物展示，激发学生的兴趣。引导学生讨论弹跳玩具的特点和原理，为后续制作打下基础。

初步尝试：教师提供简单的弹跳玩具制作教程，让学生尝试用卡纸和橡皮筋制作一个简易的弹跳玩具。通过初步尝试，让学生了解制作过程中的难点和重点。

问题提出：在初步尝试后，教师引导学生提出问题，如"如何提高弹跳玩具的弹跳力？""如何设计更有趣的弹跳玩具？"等，为后续深入探究做准备。

（二）第二阶段：深入探究与制作（4课时）

学习与交流：教师提供多种弹跳玩具的制作方法和视频教程，让学生自主选择感兴趣的项目进行学习。学生之间进行交流与讨论，确定各自小组的制作方案。

设计与制作：各小组根据选定的方案进行弹跳玩具的设计。在设计过程中，教师要引导学生考虑玩具的实用性、美观性和创新性。设计完成后，学生开始制作弹跳玩具，教师提供必要的指导和帮助。

测试与改进：制作完成后，学生对弹跳玩具进行测试，观察其弹跳效果和稳定性。根据测试结果，学生对玩具进行改进和优化，提高其性能。

（三）第三阶段：总结与反思（2课时）

成果展示：各小组将自己的弹跳玩具进行展示，并介绍其设计思路、制作过程和测试结果。其他小组进行点评和建议，共同提高。

经验分享：学生分享在制作过程中的经验和教训，如遇到的问题、解决的方法和收获等。教师引导学生进行反思和总结，提炼出有价值的经验和知识。

评价与反馈：教师对学生的作品进行评价，肯定其优点并指出不足之处。同时，收集学生的反馈意见，为后续活动提供参考。

（四）第四阶段：拓展与延伸（2课时）

创新设计：鼓励学生尝试设计更复杂的弹跳玩具，如加入电子元件、传感器等高科技元素，提升玩具的互动性和趣味性。

跨学科融合：引导学生将弹跳玩具与其他学科知识相结合，如数学中的抛物线运动、美术中的色彩搭配等，拓宽学生的视野和思维。

社会实践：组织学生参加社区或学校的科技展览活动，将弹跳玩具展示给更多的人看，增强学生的社会实践能力和自信心。

五、活动评价设计

参考评价量表						
评价项目	2分	3分	5分	自评得分	他评得分	师评得分
设计草图	完成基础款设计图，但比例、数据不清晰可能影响制作	完成基础款设计图，比例、数据清晰	在基础款设计图的基础上进行新设计，比例、数据清晰，设计方案详细清楚完善			
制作成果	完成制作，但作品不完整或三次测试内未顺利弹起	完成制作且作品完整并在三次测试内可以弹起	完成制作且作品完整有创新并在三次测试内可以弹起或多次成功弹起			

评价项目	2分	3分	5分	自评得分	他评得分	师评得分
总结展示	对设计制作过程和结果表达不完整，没有进行总结分析	基本描述清楚了设计制作过程和结果，并对整个任务进行了相应总结、分析	准确描述了设计制作过程和结果，以及分工协作情况，并对整个任务进行了详细总结、分析			
记录	记录不完整	记录较为完整	记录清晰，完整语言表述准确			
小组分工情况	不明确	明确但执行欠佳	明确执行良好			
教师评语						

参考评价量表

设计意图：本综合实践活动评价量表基于核心素养的活动评价量表，从实验设计、观察、小组合作、汇报交流多个维度进行评价，结合学生自评，小组互评，教师评价多元评价，兼顾了活动设计的全面性、逻辑性、表达性和情景性。

六、《有趣的弹跳玩具》课堂教学设计实例

（一）教学目标

1.感受弹力，探究、了解物体会跳的原理，学习设计会跳的玩具。

2.尝试制作简易弹跳玩具。

3.发展学生动手动脑能力。

（二）教学重难点

教学重点：感受弹力，引导学生观察玩具结构，探究、了解物体会跳的原理。

教学难点：做出玩具会跳的功能。

（三）教学准备

多媒体课件、弹跳玩具视频集锦、简易弹跳玩具材料（已打印制作图）、橡皮筋、剪刀、美工刀、双面胶、白乳胶等。

（四）教学过程

1.第1课时

1.1创设情境，激趣导入

导语：同学们看，这是什么？（拿出跳跳球）它有什么特点？

学生：扔到地上会跳起来而且跳得很高。

教师：今天老师带来了一种新的弹跳类玩具，我们一起来看看它长什么样。

播放弹跳玩具视频集锦。

1.2引导探究，研讨做法

问题：

（1）这种弹跳玩具的材料是什么？（卡纸）

（2）卡纸能自己弹起来吗？（不能）

（3）这个玩具为什么能自己弹起来呢？

学生小组内讨论，交流。猜想玩具能弹起来和玩具的内部结构与材料有关。

教师分发简易弹跳玩具材料。

我们跟着视频一起动手做一做吧！

1.3观察示范，实践创作

（1）观看制作过程学生交流讨论制作过程中需要注意些什么。

①观看弹跳玩具的制作过程视频。

②图纸折叠线有实有虚，需要注意折叠方向。

③剪切不同部位时注意工具的选择。

④使用剪切工具时要注意安全。

（2）实践创作

现在就请小组成员分工裁剪、制作，完成弹跳玩具。

课件出示三条创作建议：

①小组分工明确，裁剪、拼装要有序进行。

②裁剪时一定要注意安全。

③完成制作后需及时把用具收拾干净，摆放整齐。

(学生活动，教师巡视指导适时给以帮助)

2.第2课时

2.1交流展示

（1）试玩简易弹跳玩具

学生完成制作并试玩，观察弹跳效果。

（2）交流讨论

学生汇报制作效果，对自己和其他同学的作品进行评价，总结出制作中存在的问题和遇到的困难。

2.2分析原理

问题：通过制作玩具你们知道为什么它可以跳起来了吗？

学生讨论并回答老师问题。

教师：对，因为我使用了有弹性的材料。

教师讲解弹力，引导学生通过身边的物体感受弹力。

2.3总结收获，拓展延伸

本节课，今天这节课同学们发挥了自己的聪明才智，做出了小玩具，那大家想一想，我们身边还有哪些有弹性的材料可以用来制作今天这件会跳的玩具呢？

学生分组讨论，回答。

下节课我们将使用新的材料继续制作弹跳玩具。

播放弹跳企鹅效果视频。

再来比一比、赛一赛，看谁做得最好。

七、教学反思

本次活动优点：学生情绪高涨，探索欲望强，能够锻炼学生多个方面。缺点与不足：因为学生年纪小，注意力集中时间短，特别要注意组织讨论的有效性、实验习惯的训练。

在三至五年级的教学、实践过程中我们发现，对于三年级学生而言制作这一类弹跳玩具具有一定的难度，所以在三年级的活动设计中我们最终删去了自己设计、制作弹跳玩具图纸的环节，适当延长了基础款的制作时间。在制作过程中，要提前强调安全注意事项，及时补充备用卡纸。由于白乳胶风干时间较长可以先用双面胶简单固定再用白乳胶加固。

《有趣的弹跳玩具》活动记录单

小组：＿＿＿＿＿＿　小组成员：＿＿＿＿＿＿＿＿＿＿＿＿＿＿＿＿　时间：＿＿＿＿＿

前期准备	准备的工具及材料：剪刀、美工刀、铅笔、橡皮擦、卡纸、双面胶、白乳胶等
设计草图	
在制作过程中应该注意什么	
在制作过程中你们遇到了哪些问题？你们打算如何改进	

五、相望·前程世界更应宽

　　我和我的同伴都是大弯小学众多教师中的一员，正是大弯小学这方沃土让我们一天天成熟，不断地在成长中一天天认清自己，也更加热爱教育这个事业。回想当初的选择，更加感觉轻灵而自足，矢志不悔。

（一）至真之道，心灵之旅

> 有一个夜晚，我烧毁了所有记忆，我的梦就透明了；
>
> 有一个清晨，我抛弃了所有昨天，我的脚步就轻盈了。
>
> ——泰戈尔

  人生仿佛一条蜿蜒曲折的长河，我们都是河中的小船，在波涛汹涌中寻找自己的航道。在这漫长的人生旅程中，我选择了教育这片沃土作为心灵的归宿，与孩子们一同成长，共同探索。而体育，这条曾陪伴我度过青春岁月的纽带，如今又即将成为我与孩子们心灵沟通的桥梁。

  自我踏入研究生二年级的那一刻起，我便毅然决然地将自己的热情和精力，更多地倾注于教育实践之中。我渴望在这片土地上耕耘，播种希望，收获未来。先后在多个学校担任体育代课教师的经历，让我不断积累了实践教学的经验，也更加坚定了我成为一名人民体育教师的决心。

  如今，我正在大弯小学跟岗实习，期待着九月正式启航，以一名正式的人民体育教师的身份，引领孩子们在体育的世界里遨游。然而，面对即将到来的新角色和身份，我内心既充满期待，又略感彷徨。我期待着自己能够充分发挥所学，帮助更多的孩子了解体育，参与体育运动，享受运动带来的快乐；同时，我也彷徨于如何将自己近二十年的学生角色，转变为一名传道授业解惑的人民教师。这份重任，不仅是教授孩子们体育知识，更是引领他们在成长的道路上勇往直前。

  回顾自己的成长历程，我深感高中时期的武术训练对我影响深远。那段时光，不仅锻炼了我的体魄，更磨炼了我的意志，成为我人生中宝贵的财富。武术，这门博大精深的中华文化，以其源远流长的历史底蕴和独特的魅力，深深吸引了我。而武术训练的过程，更是对我人生观、价值观的塑造产生了不可磨灭的影响。

当初，在老师的推荐下，我选择了武术作为高考体育专项，这无疑是对自己的一次全新挑战。每一个武术动作都需要我反复琢磨、刻苦练习，武术动作的复杂性和对身体协调性的高要求，让我感到压力倍增。看着身边的队友一个个轻松掌握动作要领，而我总是慢半拍，内心难免涌起一股挫败感。

然而，正是这段艰难的时光，让我遇到了人生中的伯乐——向坤教练。他不仅是我技术上的良师，更是我精神上的益友。每当我感到沮丧和迷茫时，他总会用耐心和鼓励的话语激励我："武术不仅是动作的练习，更是心灵的修炼。只要你用心去感受每一个动作，去体会其中的精髓，你一定能够成功。"这些温暖而坚定的话语，如同一盏明灯，照亮了我前行的道路，也点燃了我内心的希望之火。

在向坤教练的悉心指导下，我逐渐克服了内心的自卑和挫败感，开始敢于尝试和挑战自己。虽然进步缓慢，但每一次的突破都让我更加坚信自己的潜力。我清晰地记得，在学习武术单项必考内容"腾空飞机"动作时，我总是无法掌握其动作的要领。然而，在向坤教练的鼓励和指导下，我通过反复练习、深入揣摩，最终成功地掌握了这个动作。那一刻，我感受到了前所未有的成就感和自豪感，仿佛自己已经跨越了一座难以逾越的山峰。

高考体考那天，我发挥得异常出色，不仅完成了所有的武术动作，还成为我们武术队中唯一一个进入专项复测的人。我深知这一切都离不开向坤教练的悉心指导和鼓励，正是他让我学会了如何面对挫折和困难，如何保持积极的心态去追求自己的梦想。这段武术之旅不仅让我领略了坚持和努力的力量，更让我深刻领悟到了人生的真谛。

在代课期间，我遇到了许多与我有相似经历的孩子。其中，最让我印象深刻的是在成都师范附属小学代课的那段经历。那里的孩子们对于武术学习的热情高涨，每次上课都怀揣着对武术的无限憧憬和期待。然而，当他们刚开始接触武术技术动作时，却显得有些力不从心。面对武术动作的复杂性和对身体协调性的高要求，许多孩子在初次尝试后便感到力不从心，挫败感油然而生。我看着他们的热情逐渐消退，如同当年自己遇到困境时的无助和迷茫。

在这时，我再次想起了向坤教练的悉心指导和他那鼓舞人心的话语。我意识到，此刻的我需要像当年的向坤教练一样，用心灵去感受孩子们的需求，去引导他们发现自己的潜力。于是，我开始尝试用各种方法来激励孩子们，让他们重拾对武术的热爱和信心。我告诉他们武术学习就像是一场充满挑战的冒险旅程，每一个动作都是一道难以逾越的关卡。只有通过不断的挑战和练习，我们才能逐渐掌握其中的精髓和技巧。同时，我也与他们分享了自己当年的学习经历和心得体会，让他们明白每一个人在学习武术的过程中都会遇到困难，但只要我们勇敢面对并坚持不懈地努力下去，就一定能够战胜自我、收获成功。

这些激励和引导逐渐取得了显著的成效。孩子们开始重新振作起来，他们互相帮助、互相鼓励、共同进步。每当他们掌握了一个新的动作或取得了一点进步时，都会兴奋地与我分享他们的喜悦和成就感。这段经历让我更加深刻地体会到了教育的意义和价值所在。

如今的我即将踏上新的征程，成为一名正式的人民体育教师。我期待着在未来的教育实践中能够继续传承这种教育理念，让更多的孩子在体育学习中找到属于自己的快乐和成就感。同时，我也将不断反思和完善自己的教学方法与策略，努力成为一名优秀的体育教师，为孩子们的成长和发展贡献自己的力量。在这场至真之道、心灵之旅的教育征程中，我将与孩子们一同前行、共同成长！

展望未来，我深知教育之路是一条漫长而又充满挑战的旅途。然而，我满怀信心地迎接这一切，因为我相信，在这条道路上，每一个孩子的笑容都是我前进的动力，每一次陪伴他们成长都是我最大的收获。我将带着对教育的热爱和对孩子们的责任感，继续前行，不断探索，努力成为他们人生旅程中的一盏明灯，照亮他们前行的道路。至真之道，源于心灵深处对教育的执着追求，愿我们在这条道路上，不忘初心，携手共进，创造更加美好的明天！

（二）淬"四真"星火　燎"至真"之原

> 假使你有两块面包，你得用一块去换一朵水仙花。
>
> ——柏拉图

1.问道名师学真知

以"学真知"为"至真"核心。弯小为每位教师求知成长提供了无限空间、无数平台、诸多机会。通过师徒结对、岗位兼职等途径走进弯小、了解弯小、热爱弯小。

跟岗之初，我加入了向勇校园影视名师工作室，成为其中一员。跟随工作室前往新雅校区开展影视实践活动、用相机留住春的印记。从前期录音录像到后期处理剪辑，师傅从构图细节、摄录技巧讲到个人发展规划，师父说新教师要将前三年抓紧抓牢，做出成绩。我认为对于刚刚踏入教师行业的我来说，有师父这样的引路人，无疑是幸运的。从体育到信息技术，从足球到校园影视，从成都市青白江区大弯小学到甘孜藏族自治州丹巴县城区小学，一次次的突破与挑战，学校需要什么，您就到哪里去，您是我永远学习的榜样。您虽站在镜头背后，却永远走在时代前面。

2024年3月开始，我分别在大弯小学本部校务管理中心与南区分校师生成长中心跟岗，与办公室有经验、有情怀的行政教师朝夕相处，耳濡目染他们的工作态度、工作方法，深深地触动了我，一项项成功的背后，是他们潜心钻研、一丝不苟、反复斟酌的成果，从前期的策划安排，到活动过程中的实时跟进与应急处理，再到活动结束后的总结宣传，每一细节背后都凝结着行政团队的智慧与汗水。

2.躬行实践练真才

以"练真才"为"至真"载体。行是知之始，知是行之成。不能只读"有字之书"，还要多读"无字之书"，在实践中历练，在经风雨、见世面中壮筋骨、长才干。

参与青白江区教育局关于做好学校近期禁毒宣传教育工作中微课短视频与课件制作。站在孩子的视角为他们讲解毒品知识，宣传"依托咪酯""笑气"等物质的严重危害。用所知所学借助技术手段帮助学生树牢"珍爱生命、远离毒品"的理念。

参与第三届中小学教师"同上一节课"暨"结构化教学"研修活动英语课堂拍摄与视频剪辑、"品廉尚洁，清风校园"大弯小学及南区分校党支部清明节祭扫忆英烈活动拍摄与简讯撰写、青白江区总工会关于做好职工书画摄影大赛作品征集活动、科学探索之旅——动物世界的秘密科学家进校园活动拍摄与视频剪辑。在一次次的实践中，从剪辑速度到拍摄效果，对比跟岗之初都有了成长。我能真切感受到自己对工作逐渐熟练与得心应手，对个人角色与责任更加明确。

参与大弯小学南校区美丽"视"界，用心呵护、活力"啦"满，奔向世界，以他之石、筑己之墙等微信公众号推文制作。从照片选择与剪裁、推文结构到排版设计，站在读者角度思考，什么形式的推文是读者愿意关注、愿意阅读并且能够完整阅读的。汲取他人优秀经验，融入弯小南独特元素，探索与形成适合弯小南的特色之路。

3.勇攀高峰求真理

以"求真理"为"至真"引领。走过千山万水，仍需跋山涉水。师父说要以课题为引领，打开对教育的眼界，提升对教育活动的认知。结合具体教学实际开拓创新，特别是在前沿实践中更要敢为人先。

参与第二十届学生信息素养提升实践活动机器人项目以及创意编程类项目、"凝聚'微'力量，提升'新'技能"——"微信运维与摄影技巧"沙龙活动等区内培训。双流区教育局"2024年数字赋能现场活动"等区外培训。观摩参观"科技强国　未来有我"第四届全国青少年科技教育成果展示大赛赛前培训。从区内到区外，从机器人、编程再到数字赋能，通过进修、学习，站在弯小提供的教师成长发展平台上开拓教育视野、学术视野。在集中培训中聆听优秀教师的感悟与经验，我认识到了在课堂中要尊重学生的真听真看真感受，发现真问题、解决真问题、真解决问题，探索优化教学的方法与路径，寻求解决真问题的思路和办法，努力创造可复制、可推广的新鲜经验。以实践中的锐意创新、大胆突破为中国特色、世界水平的现代教育注入源源不断的生机和活力，努力办人民满意的"美学堂"。弯小是青白江区小学教育的窗口学校，我相信正是因为一代代弯小人勇攀高峰、追求真理、敢为人先的"求真"精神，才有如今弯小高质量发展的"加速度"。

4.诚信为本做真人

以"做真人"为"至真"追求。千教万教教人求真，千学万学学做真人。要培养学生做真人，作为立教之本、兴教之源的教师首先要成为求真的传递者。要培养具有求真精神的现代小公民，教师首先要成为求真的指导者和引路人。

记得刚踏入弯小校园时，小弯豆们稚嫩的脸庞洋溢着笑容对我说："老师好！"让我备感温暖。走进校园，每位小弯豆衣冠整、谈吐雅、举止端、有礼貌，我相信这离不开弯小每位教师以德立身、以德立学、以德施教、泽己及人。教师不单单是知识的传授者，还是学生生活中的导师。对于教师来说，教书育人是本职工作，教书是传播知识，培训技能，而育人的目的则是为国家培养接班人，引导学生正确认识自己、他人、家庭，融入集体、社会、国家、世界。师德正、师风正，则学风正，学高为师、身正为范是每位教师的必修课。扎稳师德师风这个"第一标准"，落实立德树人根本任务，扣好小弯豆们人生第一粒扣子。教育学家夸美纽斯说："教师是太阳底下最光辉的职业。"教师要心中有爱、眼里有光，立德修身、言传身教，用爱静待花开。以每位教师为点，以至真从师为线，以名师团队为面，以爱与真诚为底色，以"一点"星火燎"至真"之原。

（三）至美之道　心之所向

> 一切过往，皆为序章。
>
> ——莎士比亚

成长如同跋山涉水，未有不经过磨砺而能到达终点者。

记得那是1993年，在写完毕业论文的个人演讲中，我说过一句话：等我60岁退休的时候，我无愧自己当初的选择。

实习是在乐至的一所初级中学，兴奋代替了一切，信心满满的我认为可以运用所学教育好自己的学生了。现实总是和理想的差距太过遥远，面对懵懂的初中生，我也是迷茫的，短短的40天几乎都在困惑中度过，没有教材，没有师父的指导，也没有可以请教的老师，一切似乎显得那样无助，这也让我第一次认识到了偏远地区的教育。最后一堂汇报课，深深地烙印在我的心里，我选择了室内课《武术史》，因为我实在不知道怎么上室外课，羞愧之心难以言状。但是这40天让我曾种下的那粒种子，在艰难破土后窥探到了一缕阳光。我更加认识到，今后的几十年漫长岁月，我有时间丰富自己，完善自己。

人也许会很孤单，但我心有所向，生命不会寂寞。

1993年9月我到了大弯小学，开学前一天，我把自己几年前训练、比赛的照片翻了一遍又一遍，回忆了中学的兄弟姐妹、大学的同窗。从明天起我将不再是学生，而是老师了。就在几天前，我的师兄告诉我：还是读书的时候安逸，自由自在，教书累人，没自由了。我想留住曾经的记忆，希望他们不要离开我，毕竟为了先前的承诺，我洒下太多汗水与伤痛，我不知道后面等着我的是什么，但至少我之前是快乐的！

校门口的大叶桉树枝繁叶茂，我迎来了我的第一节体育课。二年级的孩子们早早地在操场等着我，都很乖，很安静，我仿佛看到了自己的童年时光，此时此刻夏日也变得和煦了。面对他们我似乎有了自信，虽然对于教学我还无从下手，但是我还是按照预先安排，上了我的第一个内容为"立定跳远"的课。介绍了自己，鼓励了大家，我开始了教学，大家很认真地配合我开始了学习。预摆—起跳—腾空—落地……渐渐地，我有点举步维艰，我很卖力，看得出同学们也很刻苦，可是离设定的目标越来越远，渐渐地，他们做不好了，做不来了。接下来的几个班也是如此，就像大叶桉树上那些周而复始、不停摇摆的树叶一样。我很郁闷，这是怎么回事？我连最基本的都做不好，以后还怎么教啊！难道是我教不来？

现在想来，这应该就是我的第一次反思。可是我当时老想不明白，这以后的几天，我一直寻找解决的办法，相同的内容也上了2个课时，结果却没有改变，我开始怀疑自己。在一个偶然的时间，偶然的地点，我看见一位语文老师带着一群一年级孩子在外面观察花草，听她喊了一声：小朋友们都过来，这里的月季多漂亮啊！

天啊！我恍然大悟，原来我教的是小孩子，虽然我知道自己是在大弯小学，却始终没明白自己面对的是小孩子啊！我怎么能把手无缚鸡之力的孩子们当运动员一样去训练呢？我又一次感到羞愧万分。接下来的几天，我仔细地阅读教材，开始了第一次教材分析。原来要求是那么简单，我后悔自己只看了教材的内容，而没了解动作要点和教材分析，拿着半截就走。我也渐渐明白小时候为什么老妈晚上总是伏在案头拿着书本看啊，写啊！

故事有了开头，下面的文章就好写了，大家犹如得到一股力量，发挥着神奇能力，学生的能力在嗖嗖地往上窜，犹如那株大叶桉树显示着它成长的决心。

所有的故事，都不会是平淡无奇的，年轻人注定有着燃烧的激情，需要波澜壮阔的生活，我渐渐开始思考如何开展自己的体育教育生涯，想象自己未来的成长。我该如何演绎自己的将来呢？我知道自己也许不是最好的老师，但我有颗坚韧的心，我必须要做很多事，哪怕面对很多艰辛、很多挫折。现在忘了是什么原因，反正是因为学生的事，被毫无根据的批评而受了委屈。我当时想，活这么大，何时受过如此委屈啊，没人安慰，没人理解，终于忍不住在办公室痛哭一场，这个举动让所有人都大为惊讶，我也知道，男儿有泪不轻弹，但对于我这个从小在温室长大的人，实在是无法承受。我感到了孤独和无助，从内心深处明白，我有能力面对学生，却无法面对周围的议论甚至误解。时间似乎就在我身边旋转一般，渐渐地我开始去习惯四周不同的人和事。

我很热爱自己所选择的专业，虽然自己很不适合，但是有了路，就得走下去。我必须要坚定自己的信念，心无旁骛。我的性格注定了我脚踏实地的作风，我不喜欢吹嘘，不喜欢指挥人，唯有身体力行，孜孜不倦，靠自己的勇气和韧性坚持到底。学校在发展，我也必须做自己的事，我选择了自己最擅长的田径。有时我在想，自己当初为什么会选这个项目啊！学校没有一条像样的跑道、没有跳高架、没有沙坑……我怎么搞啊！而且只有一个人，没人支持，真就像一个站在街头卖火柴的小女孩儿，真的需要哪怕是一点点的温暖。就这样在1993年的冬天，当大叶桉残叶墨绿的时候，我开始了田径队组建后的第一个冬训，天没亮就骑着车来到学校，和队员们开始了艰苦的训练。冬天总是很"冷"，冷得让人透不过气，因为对于一个才开始教师生涯的新手来说，实在是太单薄了，只有不停地把"衣服"往身上加，加到有时感觉太累了，想休息了。

春天总是在不经意间就来了，当那株大叶桉树发出绿芽的时候，几个老教师走进了我的课堂，我也不知道为什么一点都不紧张，也许是他们那一张张亲切的面孔，让我感到了温暖。我按照教案，上了我的第一堂常规课《双杠》，不知不觉中就下课了。任务完成了，我于是很腼腆地走过去准备向老教师请教一下。我还没来得及开口，陈老师就慢条斯理地说：如果要去赛课的话，还要打磨。我当时很惊讶，怎么到去赛课了。

之后的不久，我初步制订了3年教学发展规划：熟记小学各年级教材教学内容，掌握所在年级教材的重难点，1994年年底在区上上一次观摩课，1995年春在区上赛课，1995年秋季或者1996年再参加市级赛课。

我明白，我被体育中心组的老师赏识了，更被恩师王老师赏识了。

王老师是教研室体育教研员，她的爱人就是我高中的教练张老师，也是省特级教师。可以说他们都是我的恩师，如果说张老师是我专业的领路人，王老师就是我职业成长的领路人，我很庆幸遇到了他们。我预感到我未来的教师生涯和个人发展方向有了指路明灯，专业上我会变得更独立，更顽强。

事实就如同预感一样迅速发展，1995年秋天，在成都市体育赛课中我饱含激情的教学，就如同我的学生一样，就如同八九点钟的太阳一样，光芒四射，我拿到了一等奖，不久也进入了体育中心组。经过一年多的磨砺，在恩师的指导下，我也逐步形成了自己的教学风格，有激情、有方法、有特色。

大叶桉树摇曳着身姿，变换着绿的淡浓。我用锯木渣当沙坑，埋下条凳当踏板教学生跳远，立起竹竿当跳高架教孩子们跳高。就这样，日复一日，寒来暑往，1998年春天，在区田径运动会上终于拿到了大弯小学第一个团体总分冠军。成长的快乐是用艰辛换来的，我明白体育毕竟是一门很边缘的学科，太多的痛苦是文字学科无法体验的，包括家长的冷漠、社会的误解。在炎热的夏天、寒风刺骨的冬天，留在操场上无数次孤单的身影，至今还时时萦绕在脑海。

一个个冠军、一次次的第一名，我也数不清楚了，似乎我在成长的路上只需要迈开大步，去等着迎接下一个胜利。终于有一天，我再也无心看大叶桉树的枝繁叶茂，也无心听它在秋风中的沙沙声了。1999年秋，一个悲痛的秋天，王老师患病走了。从此，我仿佛变了个人，也似乎预示着教育的天空、体育的天空要变了，一切都那么突然，让我来不及反应。一个被呵护的婴儿，如何能承受来自周遭的风吹雨打，我越发脆弱、消沉。那几年我似乎在大家的视线中消失了，就像千片桉叶中的一片，那样不起眼，就这样静静地落下。

　　迷茫的不光是我，还有我们的教育事业，就像一个充满理想的人，在大雾中找不到方向一样，郁闷、彷徨。这是我人生中最灰暗的几年，经常在迷惘中发出号叫：我们的教育怎么了？我其实最了解自己，一个对信仰忠诚的人最怕失去对这种信仰的坚持，当自己无法坦然面对这种现实时，除了呐喊，没有别的办法。

　　也不知道从什么时候开始，我试着接受现实，也不知道是麻木还是理智。就这样，在恍惚中度过一年又一年，与书为伴、与茶为伍，在四书中我似乎看清了自己。未来的路只有靠自己艰难跋涉，才能找到适合自己的方向。"知其所止"便是找到自己的位置，做好自己就是自己的一切，解放自己，提高自己，完善自己，就是自己的路。

　　大叶桉树一如既往地枝繁叶茂，我需要继续变成自己心中的那株参天大树。

　　经历着岁月，我也磨砺着。记得有一次老校长忽然问我，你是城厢人吧？我说是。老校长接着说，城厢东关山有个烧碗的，取材就是山坡上的泥土，我们平时吃饭的碗就是这样烧制出来的。你知道同样都是泥，有的铺成路，默默无闻，有的却被人每天捧在手心，这是为什么呢？我当时还是挺迷惑的，半天想不出来。老校长微微一笑说，你知道我们手中一个普通的碗，要经过多少道工序吗？揉捏捶打、挤压塑型、闲置风干、刀削剥皮、烈火焚烧，精挑细选，最终才能成为一个碗。你今后想成为什么！需要别人，更需要自己一路的锤炼，方得始终。世间也没有唾手可得的幸福，没有不劳而获的成功，都要靠勇气、坚持和努力。

　　2012年7月，我作为四川省千名援藏干部人才中的一员，在成都市青白江区委组织部的安排下来到了甘孜藏族自治州丹巴县，开始了两年的援藏之路。进入这片净土，我看到了不一样的蓝天和草原，明白了援藏的意义，感受到了藏区对于教育的渴求，孩子们对于外面世界的陌生与向往。两年时间，洗去了我满身污垢，体验了生命的伟大，重拾了理想与信念，这是一条充满荣光的路，更是一条继往开来的路。

　　大弯小学已历经一个甲子，每个老师都在发出自己的微光，相互照亮。

他们用行动兑现了各自最初的诺言，一路使命担当、不断精进、敬业奉献、光芒闪耀，让至真至善至美的核心价值理念熠熠生辉。

学校在变化，家乡在变化，国家在变化，世界也在变化，唯有自己心之所向不能变。至美之路会有很多的坎坷，亦有无数荆棘，但我始终相信我与大家一定会有自己的一片天空。

（四）返璞归真寻大美

生命的意义在于人与人之间的相互照亮。

——纪伯伦

捧起案头《中小学整合式美育》，回想自己的逐美之旅，不禁感慨在逐美路上的美好遇见！

遇见了许多做真教育的大家，心中满是感激。他们躬身实践，穿透层层迷雾，揭开美育的神秘面纱；他们勤于探究，寻到了去向美育的路径；他们知难而进，开拓出美育的广阔天地！与教育大家同行，这一路兴奋又笃定，感恩教育前辈们的付出！

遇见了我的"理想"，听说了你的名字——"美育"。我与"美"相识于1999年，有幸加入了"大美育"的课题研究。作为主研人员，在全区上了一堂渗透美育的数学课。作为还未知美育为何物的我，就因奇妙的缘分，为这堂课制作了足以媲美专业人士制作的教具——火柴匣子，为这堂课做了小小的贡献。我没有观摩这堂课，但制作这火柴匣子时的甜蜜和自豪一直好好地保存在我的幸福手册里。现在，我知道了这就是创美立美的过程中审美体验的美妙时光。这是闪着爱、漾着喜悦、哼着曲儿的时光，是享用人间最美味的大餐的时光。这美味我一定要让我的学生享用，我懵懂间依稀寻到了我从教的远方！这一年，我听说了你——美育，尝到了你的味道，遇见你让我一见倾心。

遇见了更好的自己。正式与美育同行是在我2007年加入大弯小学这个大家庭以后！搭乘上了"以美育人"的列车，也开启了自我革新自我成长的征程！从踏上工作岗位的第一天，我就暗暗下定决心：做一个快乐的老师，育一群能快乐学习、快乐生活的人！可是一直苦苦找不到一条达成此目标的路径，踟蹰不前！加入美育研究组，在赵伶俐教授，白智宏教授的引领下，在课题组同人的共同努力下，我们找到了"视点结构"这一建模神器。我如获至宝，在自己的实践中，不断尝试不断领悟，我的教育教学有了突飞猛进的提升。对自己的教育教学有了底气，有了信心，发现自己越来越接近教育的目标，非常开心！谢谢"美育"让我遇见了更好的自己！

大弯小学"一校三区"集团化发展后，我来到了北区分校，北区分校秉承大弯小学"以美育人，一以贯之"的办学理念，具化了它的模样，提出了"健康的身、温暖的心、聪明的脑"办学理念。美育在大弯小学教育集团得到了蓬勃的发展。但随着时代的发展，社会对教育的要求越来越高，给学校教育带来了巨大的挑战，也给美育提出了新难题。在教书三十年之际，我不禁思考：接下来我该去向何方？该有何为？又有何必为之事呢？

实践中发现的这些问题，该如何做解呢？

第一，高速发展的各行各业，追求"短平快"的成功案例，常给人以"饮鸩止渴"的误导；凡事量化、数据化、标准化考核制度滥用，极大地消耗掉了"人"的能动性，工具人带来的伤害已经影响到人类的繁衍；同时凡事讲效益，功利性的学习、教育、工作，审美的取向发生了严重的扭曲，"真我"渐行渐远，社会群体性地丧失了幸福的能力！如何通过美育拯救我们的幸福、治愈心灵的创伤？

第二，包装过剩、仪式感过满，是在提升审美还是在超前消耗审美的能量？现在的学校无论是开学还是任何一个节日都要过得与众不同、非同凡响，家庭和社会更胜。我经常感慨现在的孩子太幸福了，但转念一想，他们这一路惊喜着，有一天惊喜会不会变麻木了呢？他们在这当中是审美提高了？还是变得欲壑难填、不知感恩呢？在这儿美得到生长了吗？真美了吗？

第三，兴趣是学习探究的发动机，激发学习兴趣好像是老师必须要做的一项工作。为此课堂上为了激趣，老师们煞费苦心地将知识进行包装处理，以便学生能欣然接受，但你会发现一旦知识与技能脱掉他们的马甲后，学生便嫌弃不已，他们拒绝枯燥和乏味的学习，面对一丁点的外界诱惑便无法静心学习，刻苦的品质该如何培养？而事实上学习必将会面对枯燥和乏味的知识以及练习过程，那么在重要的学习品质的培养中，美育该如何自洽呢？

其实不是美育出了问题，而是"美"的选择出了问题，"真美"被弱化了，形式大于内容的现象比比皆是，"买椟还珠"已经被商家当作赚钱的经典模式。这些"美"满足的是即视感和及时性，培养"鼠目寸光"的快餐式感受，无法入心真正地提高审美素养，提高个人的品格素养。顾颉说："美是人类普遍的精神追求，美塑造着一个民族的物质文明和精神文明。"由此可见：审美人人受益，追美创美利己利人利国，前提是我们遇见的和追求的是真正的美。罗曼·罗兰曾说："生活中不是缺少美，而是缺少发现美的眼睛。"因此我们需要一双审美的慧眼。美育则是肩负着这样的使命的存在：发现真美，创造至美！

首先我们应该对真美有辨别力！王世德教授提出的观点为"真美"作出了诠释：美育应该摄入人的精神境界，培养高尚情操，健全人格和美好的心灵。它有助于"五讲四美"应着重于心灵美，提出了"生态式教育"。以人为本的美育着眼的不是生物主义的生命而是有社会意义的生命，即朝着真善美的理想目标前进，要实现自由、解放、充实、丰富、多样幸福的人类离世发展方向的生命追求。它是对感性存在的超越性体验和感悟，是对终极目标的不断接近。

我想：这种美能让我，也能让你和他的心灵如沐春风，如浴暖阳，让我们的嘴角上扬！

我们应遵循教育和孩子的成长规律，在浸润式、滴灌式教育中实现"真大美"。在内卷愈演愈烈的当前，揠苗助长式教育的全民卷，孩子们的苦，大人们是看在眼里，疼在心里。或者是为了补偿或是为了表达爱，在能美化的事情上教师、家长们都铆足了劲，下足了功夫，大卷特卷的人还会被花式表扬。但是或许给的人在沾沾自喜，承受的人却不知其所以然。这种自我感动式的赋予，实际上却提前消耗掉了孩子好奇心，简化了拥有欢愉的过程，不利于培养学生的耐性，难以培养出成大事的栋梁之才！所以慢一些，给的少一些，让孩子自己找一找、探一探，该吃的苦头不能回避，自己慢慢长大难道不是最美的事吗？世界上的捷径就是那条看起来弯弯的充满未知的路！

撕去华而不实的"外包装"，在最朴实、自然的教育中让孩子感受"原生态"的美！

我读了一本小说叫《不乖的哲学家》，对我触动很大。原始部落的人们在没有外来"文明"人的"美"的标准时，他们人人过得很幸福，自信的笑容在每一个人的脸上洋溢，真正做到了"各美其美，美美与共"。

酸甜苦辣人生滋味各美其美，只有尝过"苦"才知"甜"的美，品咖啡的食客就能明白这其中的妙趣。事物的原汁原味有它的美——源于自然的穿越时空的美。

我想在我未来的美育实践中，我需返璞归真，将真正能让人今天和明天都能快乐起来的"美"送给我的学生享用，做"生态式"美育，让美育入面入心。期盼着我们匆匆赶路的人都能记得出发时的那份纯粹，嘴角上扬奔赴下一场山海！

（魏图英老师供稿）

（五）在坚守中探索，在继承中开创

> 真正的坚守，是没有人给予你任何承诺的，流逝的只是岁月，子存的只是信念。
>
> ——毕淑敏

大弯小学北区分校继承和发展了大弯小学"以美育人，一以贯之"的美育思想，两所学校既有相同的美育文化基因，又有各自的特色，和而不同。学校师生，每一天都在不断追求美的道路上，因为有着"更美"愿景，所以这所年轻的小学提出了以学生成长为中心的"健康的身、温暖的心、聪明的脑"的育人目标，围绕学校的办学目标，建设学校的课程体系：以美育人、课程育人、服务育人。

1.探索以师生共创共生为主体的美好育人环境

学校的育人环境需要逐步积淀，逐渐生成。经过反复研判，学校确立了以师生共创共生为主体的书香校园文化作为校园环境的建设路径，进一步提升学校的办学品质。

校园环境是学校办学思想、学校文化的具象化，是凝聚人心、展示学校形象、提高学校文明程度的重要体现，对学生的人生观、价值观产生着潜移默化的深远影响。

学校根据历史基因，设计的吉祥物"小'弯'豆"，得到了全体师生的喜爱；美术教师带领孩子们共建、共创、共同生成的美术文化墙，每一次孩子们路过这里，都会驻足观看，回味自己的创作，自豪地告诉小伙伴这是自己的成果；学校发动孩子们捐赠树苗进行栽种，并让孩子命名这颗树木，每次孩子都会自豪地对同学讲："这棵树是我栽种的！"引得其他孩子纷纷向往，自己有没有机会在校园栽下一株属于自己的树木……这是最好的教材，也是最美的校园环境建设路径。

我们记得武大的樱花、电子科大的银杏，是因为他们在环境建设的时候，不仅做到了兼容并包，更注重特色突出。因此在学校文化环境建设中，我们注重特色品牌的打造。学校从一年级下学期开始开设书法课，从三年级开始，根据学生的书写情况和个人爱好，开设精品书法社团，邀请区书法协会主席陈岩老师到学校任教，并结合周末托管、寒暑假托管开展书法素质拓展班，让学生写好字，认识到中华民族悠久灿烂的文化艺术，激发他们热爱祖国文化，继承祖国文化，同时提升学生的审美情趣。

2.建设以学生成长为中心的至美课程体系

在学校办学理念下，我们提出了以学生成长为中心的"健康的身、温暖的心、聪明的脑"的育人目标，围绕学校的办学目标，建设学校的课程体系，在开齐开足国家课程、地方课程的前提下，利用延时服务、托管等时间，建设学校的课程体系。

2.1 以体育运动促身体健康，用营养配餐促饮食健康，开设了"健康课程"

围绕"健康的身"的育人目标，着眼于"健康与技能"的培养，秉持陶行知的"健康第一"价值观，培养学生一种终身受益的运动爱好，掌握一项终身受用的运动技能。

（1）首次将传统武术长拳纳入体育课。学生在学习传统武术的时候，一招一式，堂堂正正，尽显豪侠精神，武术之武，不仅在于招式，更在于培养学生那一身正气武术精神！

（2）全区率先引入了气步枪射击课程。射击运动目前在全区中小学还处于一个空白，为国家去发掘、去培养射击运动员，为国家做贡献是学校义不容辞的责任，学校根据自身条件，率先开展这项课程，旨在丰富学校课程体系的同时，丰富育人路径，发掘国家人才。

（3）学校开设了多达12项体育课程。充分满足学生的需要，学校在体育多样化发展的时候，也在发掘学校体育老师的特长，我们发现，学校的老师在跳绳训练上，能够充分激发学生的积极性，学校参加了两届跳绳比赛，均获得了全区第一名。

（4）学校还充分利用自办食堂的优势，开设膳食课程。不仅每周公布我们的"健康营养膳食谱"，利用节日，还邀请学生和家长走进食堂，和学生一起包粽子、做汤圆等，既是学校围绕"健康的身"打造的课程项目，也是学校劳动教育的一部分，下一步，学校将建设校园"厨工坊"，将生活教育、劳动教育融入其中，"生活即教育，教育即生活"。

2.2 以文化教育、爱国主义教育、卫生管理等促"道德与品质"培养，开设"德美课程"

（1）有"礼"有"节"。隆重"开学礼"，让新生爱上学校。每年的9月1日，新生报到的时候，学校全体老师都会行动起来，营造轻松欢乐的入学氛围，"葱"明伶俐、一"鸣"惊人，步步"高"升……一系列的小活动，让学生在不知不觉中爱上了学校。盛大毕业礼，难忘母校。每一年的六年级毕业之际，学校校长会亲自送别每一个班级，每一个学生，送给他们前程的祝福；学生也会制作卡片，表达对母校的祝福与思念。进校礼和放学礼，每一声问好和再见，不仅是学校的要求，更是对学生习惯的培养，培养学生做一个有礼貌的人。集队集会礼，国旗下的教育，庄重的仪式，让学生用行为表达对国旗的尊重，对国家的热爱。

学校围绕"节日节气"构建"双节"德育体系。利用"传统节"：春节、元宵节、清明节、端午节、中秋节开展学生活动，继承和发扬中国传统文化。利用建党节、建军节、教师节、国庆节培养学生尊师重教，播下爱党爱国的思想种子。利用"五一劳动节""六一儿童节""世界地球日""世界节水日"等节日，加强学生的环保意识，培养学生的国际化意识和爱自己、爱生活、爱自然的情感。学校结合自身的优势和特点，还开设学校的节日，如体育节、艺术节、学术节、科技节等。

（2）树立劳动者最美的思想理念。在校内开展小弯豆服务岗，用自己的劳动，维护爱惜我们的校园。开展劳动实践基地，体验劳动的艰辛，"一粥一饭，当思来之不易"。

（3）开展"至美之星"的评选。学校在每年的九月至十月，开展"至美之星"的评选。评选出十个类别的"至美学生"；后面我们还增加评选了至美家长、至美教师、至美团队。每年的九月至十月，盛大的节日，不仅是对新入校的学生和家长的一种激励，也是学校对辛苦一年的学生、家长、老师、团队的一种肯定。

2.3 围绕"聪明的脑"的育人目标，着眼于"传承与创新"的培养，开设"智慧课程"

科创社团是全校最受欢迎的社团之一，学生在课程中的思考和探索，动手实践和不断纠错，都成了课堂的乐趣，更重要的是培养学生的求知探索精神。2022年，在学校的推动下，将书法课纳入全校美术课程之中，1—3年级，每个孩子都要进行软笔书法的学习，邀请青白江区书法协会的主席陈岩老师开设书法精品社团，不仅是对孩子的书写提出了要求，更是对传统文化的继承和发扬，提升民族的文化自信。和花园沟川剧团合作，在校园内开设川剧课程，目前，小朋友表演得有模有样。除此以外，学校还开设管乐团、国际象棋社团、影视戏剧社团等27个社团。

"聪明的脑"的"聪明"，我们理解的是对学生智慧的启发，对于文化的传承，对于未来的创新。

3.服务育人，提升服务家长服务社会的社会美誉度

2022年，学校在"以美育人""课程育人"的基础上，又提出了"服务育人"的办学思想。

3.1 打好"双减"牌，有减更有加，量减质不减

2021年7月，中共中央办公厅、国务院办公厅印发了《关于进一步减轻义务教育阶段学生作业负担和校外培训负担的意见》，这是一次重大的教育变革，学校在认真落实上级政策的时候，也在思考这次重大变革带给学校的挑战和机遇，如何利用好增加的时间，让学校真正做到"量减质不减"，统筹校内资源，拓展校外资源，发掘家长资源。提升教师的课前准备、提升课堂教学效率、提升作业设计的质量；增加丰富的、多样性的课后育人活动，在校内满足学生多样化学习需求。

3.2 打好"托管"牌，内容更丰富，学生有成长

本着"民有所呼，我有所应"的"服务育人"的教学理念，学校率先在全区范围开展了假期托管服务，解决社区居民假期孩子"看护难"的问题；得到了家长的高度赞誉。

3.3 打好"沟通"牌，响应更及时，家长更信任

宣传和沟通，是学校的一张名片。办学是一个系统性工程，需要多方发力，除了自身努力外，还充分调动和开拓办学资源，在政府、社区、家长等诸多力量支撑下，才能激发办学活力。在遇到困难的时候，学校主动积极和上级、社区、家长沟通，主动邀请社区、家长到学校，参与学校的建设、管理工作，让社区居民更了解学校，让老百姓更信任学校。

做更美的自己，对"美"的追求，始终是北区分校教育人的理想，它根植于学校的血脉，也激发着学校不断求新的动力。面对未来，我们唯愿美育之花能在新的土壤中绽放出不一样的色彩，延伸出属于新学校的文化承载。

（六）以美育人，做更美的自己

> 美，就是人性。善良情感和诚挚态度的具体体现……在我的想象中，在美的面前微笑、叹赏和惊异，犹如一条应当通往儿童心灵的小径。
>
> ——苏霍姆林斯基

伴随着清晨的第一缕阳光，我早早地来到学校，开启了崭新而美好的一天。

来到大弯小学南区分校，最触动我的莫过于"美"的教育。也正因如此更加坚定了我自己的目标——做更美的自己。

如何做更美的自己？我在融入大弯小学南区分校这个大家庭后，一步步探索、感悟，也初步有了自己的理解。

要做更美的自己，首先就要明白什么是美？美是一种主观感受，是能引起人们美感的客观事物的一种共同的本质属性。虽然人们都能感受到美、识别美，但在回答"什么是美"时，答案却千差万别。作为一名教师，想要做更美的自己，首先就要从美育入手。

这里的美育并非是单纯的以艺术技能为主的教育，而应是作用于人的情感和心灵的素养教育。美育是一种"润物细无声"的润泽、濡染、陶冶，逐渐将高雅的审美趣味渗入学生的心中。早在春秋时期，孔子就说过："兴于诗，立于礼，成于乐。"强调美育对于人格培养的重要性。蔡元培先生也大声疾呼："美育是最重要、最基础的人生观教育。"还有乔布斯先生，他强调苹果与其他公司最大的区别，在于追求科技的同时，始终保持对于艺术和美的追求。没有审美力是绝症，知识也拯救不了。长期以来，我们的教育却似乎处于一个低级美感中，美育逐渐被淡去，同时审美能力似乎也在逐渐下降。然而，悠悠中华五千年，美的记忆从未因岁月的流逝而褪色，今天的我们处于如此美好的时代，更应以美育人，让美育照亮未来。

我很庆幸来到了大弯小学南区分校，因为这所学校一直坚持"以美育人"的教学理念，在学校的各个角落、各个学科中都能得到体现。校门口是美的，甜美的笑容、亲切的问候能让人瞬间开怀起来；走廊是美的，热情的招呼、欢乐的气氛无不展示着蓬勃的朝气；操场是美的，奔跑的汗水、绿绿的草坪，到处活力四射；语文课是美的，学生在学习语言文字、感受人物形象的同时，还享受着人文熏陶；数学课是美的，这种美在于学生能在解决问题的时候体会到强烈的满足感；劳动课是美的，从自我服务到服务他人，学生能得到创造美的感受、心灵美的陶冶；音乐课是美的，好的音乐作品能够让学生在充分享受音乐美的同时，激发心中的爱国情感，培养高尚的道德情操，提高精神品位，培养审美情趣，从而实现人的心灵净化和全面发展；美术课是美的，就算没有彩笔，简单的线条也能赏心悦目；体育课是美的，就算是操场上的奔跑也能体现平衡、速度与力量的完美结合。老师们兢兢业业，朴实追求，用满腔的热情谱写着劳动者美的颂歌。

我想作为一名语文教师、一个班主任，更应该在如何培养学生的审美能力，如何让学生在教学过程中感受美上下功夫，这样才能成就更美的自己。如今，我们学校全体语文教师也在积极探索，进行视点结构下的诗意语文课堂教学研究。不仅在教学目标的设计上采用课标导向、聚焦视点的方式确定学科目标，体现简约之美，还十分注重融合之美、逻辑之美、生成之美。在效果上既明确达成学科目标，又润物无声地实现美育目标，给人清晰明快、流畅自然、简约而不简单的美感。

以美育人，做更美的自己，帮助学生树立正确的美学观念，使学生的心灵受到熏陶和滋养。我们一直在路上。

（七）绽放的花

> 纯粹之美育，所以陶养吾人之感情，使有高尚纯洁之习惯。
>
> ——蔡元培

在一个阳光明媚的清晨，阳光透过树梢的缝隙，洒在了静谧的校园中。校园里，孩子们的笑声如同清晨的鸟鸣，清脆而悦耳。这里，每一块砖瓦都透露出文化的气息，每一片叶子都仿佛在诉说着美的故事。

浪漫的蓝花楹，如同一位亭亭玉立的紫衣少女静静地站在大地中央，给人以宁静；

宽阔的操场，如同一名热情的少年在阳光下挥洒汗水，给人以热烈；

厚重的教学楼，如同一位智慧的长者捧着一本书，给人以厚重。

在这所充满艺术氛围的学校里，美不仅是一门课程，更是一种生活方式。走廊上，悬挂着学生的画作，每一幅画都充满了童真与创意；教室里，老师们用生动的语言，引导孩子们感受文学的魅力，探索音乐的韵律；操场上，孩子们在舞蹈的节奏中翩翩起舞，仿佛整个世界都随着他们的舞步旋转。

学校美育，如同一朵盛开的艺术之花，绽放在每个孩子的心中。在这里，每个孩子都是艺术家，他们用稚嫩的手描绘出五彩斑斓的世界，用纯真的心感受生活的美好。美育不仅教会了他们欣赏美，更教会了他们如何创造美，如何将美融入生活的每一个角落。

在大弯小学南区分校的每个角落，都能感受到美育的力量。它不仅是一种教育，更是一种精神的滋养。在这里，孩子们学会了用美的眼光去看待世界，用美的心灵去感知生活。他们在艺术的海洋中畅游，不断探索、不断创新，让美的力量在他们的心中生根发芽。

学校美育，是一朵永不凋谢的花。它在孩子们的心中绽放，散发出迷人的芬芳。在这里，每个孩子都能找到属于自己的艺术之路，让美的力量伴随他们成长。学校成为孩子们心灵的家园，让他们在美的熏陶下茁壮成长。

在这个充满爱与美的校园里，孩子们用他们的画笔、歌声、舞步，诠释着生活的美好。他们在这里学会了欣赏美、创造美、传递美，让美的力量在他们的心中生根发芽。而这所学校，也因为美育的滋养，变得更加生机勃勃、充满活力。

美育不仅是艺术的教育，更是人格的教育。在这里，孩子们学会了坚持与毅力，他们在艺术的道路上不断挑战自我、超越自我，让美的力量成为他们前进的动力。而这所学校，也因为美育的浸润，变得更加充满人文关怀与温情。

如今，大弯小学南区分校继承本部美育的典范之举，吸引了无数人的目光。人们在这里感受到了美的力量，看到了美育对于孩子们成长的巨大影响。而大弯小学南区分校，也将继续秉持着美育的理念，为更多的孩子播撒美的种子，让艺术之花在这片热土上绽放出更加绚丽的光彩。

在未来的日子里，大弯小学南区分校将继续承载着美育的使命，为孩子们的心灵注入美的力量。让我们共同期待，在这片充满爱与美的土地上，能够绽放出更加绚烂的艺术之花。

（八）向美而生　致美而行

> 美育是最重要、最基础的人生观教育。
>
> ——蔡元培

2023年8月26日，大弯小学南区分校正式开校，位于青白江智慧产业城核心区，它继续践行和传承美育理念，致美而行，向美而生。

大弯小学南区分校秉承大弯小学"以美育人，一以贯之"的办学理念，持续拓进"美育特色"的创新发展，"将美育融入学校教育的全过程"，从班组文化到场馆空间拓展，从课程开发到教师队伍建设，从固定教室到社会资源开发，汇集"智美"内容，采用"致美"途径，立显"至美"成效，努力构建一所具有"一颗中国心，一双未来眼"特质的智美学堂新样态。

1.传承美育文化理念

南区分校毗邻川化记忆，被教育主题公园环绕。学生大多是老川化、成化等企业子弟，他们继承了祖辈自强不息、包容向善、守正创新的精神。基于地域特色与人文精神，我校传承大弯小学本部三十余年的"美育"品牌文化，确立了"致美行，我们不一样"的办学理念。我们主张"接纳多样性、做新时代美丽中国人、做无限可能的未来人"的教育，培养拥有"一颗中国心，一双未来眼"特质的时代新人。我们不仅为未来而教，更为未来而学。

2.建构致美课程体系

在美育文化和办学理念的引领下,我校建构了"向着未来生长"的致美课程系统。主要包括四大课程群:

2.1 轻柔滋润的基础学科课程群

(1)诗意化语文课堂

以学科课程为主体,"诗意语文课程"以"唤醒诗意,成就孩子的诗意人生"为宗旨,以"诗意地诵读、诗意地思维、诗意地感悟、诗意地表达"为路径,让学生在课堂中充满诗意、审美、思想、智慧和兴趣。

教师从"深挖细掘教学文本觅诗意、重锤敲打课堂结构炼诗意、反复推敲课文语言听诗意"三个方面来构建诗意语文课堂。语文课堂诗意的形成、学生心灵的成长、教师教学精神气质的锤炼,增强文化自信,实现新课标"立德树人",立足于人,倡导高质量教育理念。

(2)基于网络画板的数学课堂

针对中小学教育数字化建设、应用、评价以及数字赋能、优化流程、结构重塑、推动多元化、多样化的教学研究等问题,大弯小学南区分校将网络画板融入数学课堂中。借助数字化赋能,打造轻松、高效的教学课堂,将信息技术、数字化与课堂深度融合。未来已来,如何在数字化、信息化的浪潮中激流勇进,网络画板便是我们最有力的船桨。

(3)以非遗文化为特色的艺术课堂

为加大非物质文化遗产的保护与传承力度,深化"以美育人,一以贯之"的教育理念,开展特色美术课程,将中华优秀传统文化带入课堂,帮助学生认识非遗、了解传统文化,提高审美水平,坚定文化自信。

(4)信息技术与科学整合的科技教育

在开展小学科学教育时,立足科学素养,对学生进行全方位的培养,让学生养成终身学习的习惯。丰富的网络教学资源能让教师更好地结合学生的认知发展规律开展教学活动。在课堂中通过信息技术和小学科学的深度融合,能有效地拓宽学生的学科视野,让学生对小学科学知识有更深层次的理解。信息技术结合科学实验活动，能收到培养学生科学核心素养的效果，从而全面实现小学科学教育目标。

运用信息技术与教材内容对接，实现两者之间的有效融合，让学生更便捷地理解科学知识，真正让学生"走近科学"。这些课程旨在以美的姿态培育学生的核心素养。

2.2 童趣个性的环境文化课程群

以环境文化课程为主体，包括校园、班级审美文化课程、空间环境课程和行走的随性阅读课程。校徽、校歌、校训、校园环境、多彩活动等校园CIS审美文化课程，班徽、班歌、班训、班级故事等班级审美文化课程，蓝花楹空间环境课程，八分钟美读展示课程，行走的随性阅读课程，一个优质的学习空间能够拓宽学生的视野，塑造其气度，振作其精神。我们的校园环境布置、班级氛围营造都充满了美感，让学生在学习中感受美的熏陶。

（1）营造泛在致美书香园

通过打造八分钟美读展示课程，行走中的随性阅读课程，漂流书屋，及营造浓郁的阅读氛围，整合丰富的阅读资源，开展多彩的读书活动，让阅读成为师生日常的生活方式，成为采掘不尽的富矿，成为走向未来的基石。

（2）打造创新实践科技园

智美学堂以环境为抓手，打造科技创新场馆，营造科技创新浓郁的氛围，着力提升科技素养。以社团为阵地，开设无人机、航模等未来科技课程，让孩子们在科技的海洋里自由遨游，尽情体验科技带来的快乐。以活动为契机，开展科技知识讲座、科技发明竞赛活动，打造师生科技"盛典"。以赛事为平台，搭建科技大舞台，坚定创新自信，勇攀科技高峰。

2.3 未来视野的智美融合课程群

小学未来视野的智美融合课程群是一种注重智力与审美教育结合的课程体系，旨在促进学生全面发展。智美融合课程群的核心在于将智力教育和审美教育相结合，通过多元化的课程内容和教学方法，培养学生的创新思维和审美能力。

大弯小学南区分校将无人机、航模等未来科技课程，书法、国画等国粹+课程，互联网+审美综合课程与审美综合课程相融合，促进学生的智能与审美双重发展。

智美融合课程群是未来教育发展的重要趋势，它能够帮助学生在快速变化的社会中找到自己的定位，培养成为适应未来社会的复合型人才。

2.4 以美为镜的共育评价课程群

开展财商金融课程、蓝花楹服务岗课程、豆豆星成长智慧评价课程及心育礼育人育"三育"评价课程，以多元化的评价方式激励学生成长。

关注学生的身心健康与劳动教育。2023年作息令一颁布，为了营造舒适的午休环境，学校为所有班级提供了专门的午休教室，将午休与劳动、礼仪教育有机结合，设置暖心乐睡课程，培养学生健康的睡眠习惯。对于一年级新生，我们推出了入学适应性课程——豆豆课堂，旨在帮助他们更好地适应新环境。

为全面贯彻落实实施劳动教育理念，促进学校劳动教育深度实践，激励学生热爱劳动、勤于劳动、善于劳动，促进小弯豆们身心健康和德智体美劳全面发展，大弯小学南区分校的小弯豆们开展了智慧劳动巧手坊一系列课程，通过各种实践活动，培养学生的动手能力，为学生的未来发展奠定基础。

3.家校共育美好未来

通过这一系列的活动，加强家校共育，形成教育合力，共同促进学生的全面发展。

3.1 家长课堂进校园

最美的声音，是家校同频的共响；最好的教育，是家校共育的互动。凝聚家校合力，助力美好成长。"家长进课堂"活动，让更多的家长有机会走进校园，近距离了解孩子在学校的学习与生活，更加全面了解学校教育和教师的工作，成为学校教育真正的参与者、协作者、支持者，助推了基于互信的和谐家校关系的建立与巩固，让家校共育走向深入。

3.2 家长学校建设

家长学校建设是为贯彻落实习近平总书记关于教育和注重家庭家教家风建设的重要指示精神，以立德树人为根本任务，以健全学校家庭社会协同育人机制、促进儿童健康成长为根本目标，全面促进家庭家教家风建设，提升家庭教育水平的重要举措。

在区委宣传部、区教育局、区妇联等相关单位的指导下，青白江区大弯小学南区分校积极开展家长学校建设，制定了丰富的教育培训活动，包括亲子沟通、青春期生理知识、升学焦虑等家长关注的问题，旨在通过系列教育培训，提高家长对孩子的教育能力，实现学校教育与家庭教育相得益彰，营造关心关爱青少年健康成长的良好社会氛围。

3.3 定期家访工作

家访有温度，教育有情怀。家访是一场关于教育的双向奔赴，一场关于爱的相互倾诉。大弯小学南区分校每学期有目的、有计划、有重点地开展"一对一私人定制"教师家访活动，系起了家校共育的纽带，把教育实实在在地做到家长的心坎上。

（1）有备而访

为确保家访工作落到实处，家访前，学校对"一对一私人定制"家访活动进行了周密详细的安排，就家访流程、目的及注意事项进行了强调。为了达到家校有效沟通、良性互动的效果，老师们精心准备了沟通的内容，针对不同学生情况有备而访。

（2）有爱而访

老师们在家访过程中与家长进行了亲切交流，详细地为家长讲解了孩子在学校的学习生活情况，全面了解学生的家庭状况、成长环境以及学生在家的思想状况、学习习惯、生活习惯等，倾听家长心声和诉求，征求家长意见和建议。老师们与家长亲切沟通，共同商定了促进学生全面发展的教育策略。

（3）有智而访

真正意义上的家访应该是精准的双向奔赴，除了倾听孩子的情况、家长的需求等，教师还结合孩子和家庭的特点，给予家庭教育等方面个性化的指导，就构建和谐家庭氛围、言传身教做好榜样、守护孩子心理健康等亲子教育问题指点迷津传授方法，引导家长树立科学的教育理念，指导家长加强对孩子的有效陪伴，叮嘱家长提高安全意识，配合学校做好安全教育工作。

（4）有情而访

在家访工作中，体现了教师细致入微的工作作风和心系教育的敬业精神。家访活动，促进了教师与家长之间的沟通，孩子在家访中感受到了老师的关爱，家长在家访中感受到了学校的温暖，教师在家访中收获感动。

家访是一门永无止境的学问，更是一种多姿多彩的艺术。通过这样的活动为家长、学生搭建与学校沟通的平台，从而更好地服务于学生的学习和生活，助力小弯豆们健康快乐成长。

大弯小学南区分校将继续坚守美育理念，以课程体系的建构深度提炼和承载"致美文化"，始终保持对美的无限向往与追求，向美而生，致美而行，为办好人民满意的教育不懈努力！

·后 记·

心无界　行无疆

荣誉篇

成都，

天府之国，

古蜀之源，

在青白江，在大弯小学，

我们寻着美的历程……

在教育的广阔天地中，大弯小学一直致力于探索和传播美的本质。自学校成立之初，就承载着一项特别使命——培养孩子们感受美、表现美的能力。在这里，每一位教育者和学生都是美的追寻者，老师们相信通过美育，能开启孩子们心智的大门，激发他们对世界的热爱。

自1993年起，大弯小学便与西南大学合作探索美育课程开发，两年后，学校的努力得到了国家的认可，学校被评为全国大美育优秀试点学校，这不仅是对学校美育探索的肯定，也为学校提供了进一步发展的动力。进入1996年，学校的美育实践获得了新的发展——成为全国美育实验基地。在这一年，学校不仅在课程教学上取得了创新，在师资培养、教学资源以及学生美育活动的丰富性和深度上，也都实现了飞跃性的进步。学校以美育为核心，将美的元素融入学校文化，教育孩子们在音乐、美术、戏剧等多种艺术形式中找寻美的轨迹，大弯小学迎来了美育发展的新实验。2000年初，学校成为中央电教馆"十一五"信息技术重点课题的实验学校。信息技术的融合不仅提高了教学效率，更为美育的实践提供了新的路径和可能。老师利用现代技术手段，让孩子们在数字世界中感受和创造美，无论是通过数字绘画、音乐创作软件，还是通过互联网连接世界各地的艺术资源，老师让美育的内涵更加丰富，让学生的美育体验更加立体和多元。

1995年至2005年，学校积极融合教育技术与信息技术，使教学方法更加现代化，教学内容更加生动。通过电子白板、多媒体教学软件和网络资源，老师们让课堂变得不再局限于四堵墙，而是连接了整个世界。学生们在动画与交互式学习的帮助下，能够更直观地理解艺术作品，同时也能更加深入地体验艺术创作的过程。2019年，学校的艺术教育取得了显著成就，被授予"四川省艺术特色示范学校"称号。在师资力量上，学校从2000年起，逐步强化了教师的专业发展。通过持续的培训和交流，学校确保了教师队伍不仅在教学技能上，更在艺术修养上得到提升。到了2018年，教师们已能提供多样化的示范教学，从而成为同行中的榜样，带动了整个地区教育教学质量的提升。1996年成为四川省电化教育示范学校，2003年成为中央电教馆"十一五"信息技术重点课题实验学校，2005年成为中央电教馆电化科学研究试点学校。2000年成为成都市义务教育示范学校，2007年成为四川省教育教学改革共同体成员学校，2010年成为成都市实验教学示范学校，2010年成为成都市教师发展基地学校，2018年成为成都市教师发展基地校。2020年，努力在更多领域得到了认可，大弯小学被选为成都市劳动教育试点学校，这标志着我们在整合劳动教育与美育方面走在了前列。学校相信通过体验劳动的美，学生们能够更全面地理解和尊重所有形式的工作。此外，2020年学校还被评为"美育工作先进单位"，进一步肯定了学校在这一领域的持续努力和成就。

学校党组织在这一切成就中扮演了至关重要的角色。作为教育先锋，不仅在教学上追求卓越，在培养学生的同时，学校党组织也在推动社会责任。确保每个教育决策都符合党的教育方针，为学生们营造一个全面发展的教育环境，让他们成长为德艺双馨的社会公民，荣誉的增加反映了学校教育理念的深度和广度。学校还荣获了"成都市工人先锋号"称号。2022年，学校进一步得到认可，成为"成都市党建标准化建设示范学校培育点"和"四川省依法治校示范校"，这两个荣誉都标志着学校在教育管理和法治教育方面的先进性和模范作用。家庭是孩子成长的第一课堂，家校合作则是教育成功的关键。自1999年以来，大弯小学不断地构建强大的家校共育体系，建立了家长学校，致力于为家长们提供教育资源和支持，使他们成为孩子教育成长道路上的合作伙伴。这一合作模式不断深化，2022年我们更进一步，成立了成都市家长学校青白江区分校，这标志着家校合作的深度和广度均得到社会的高度认可。

随着时光的流逝，大弯小学在美育领域一路耕耘，累积了丰富的成就。学校将这份美的旅程视为骄傲，也视为继续前进的动力。展望未来，学校将持续创新，不仅追求艺术教育的高度，也致力于每位学生个性化美的成长，让美育的种子在孩子们心中生根发芽，绽放出绚烂的光彩。

师生、学生及家长对弯小美学堂的憧憬

在教育的旅程中，每一个师生都怀抱着对理想学校的憧憬和期待。弯小，作为我们共同的梦想之地，承载着师生们无限的希望和愿景。

对于老师，弯小不仅是一个教书育人的场所，更是老师们实现理想、追求卓越的舞台。他们憧憬在弯小这片热土上，与学生一同探索知识的奥秘，共同书写成长的篇章。他们期待在弯小这个大家庭中，与同事们携手合作，共同创造一个充满爱与智慧的教育环境。

对于学生，弯小是小弯豆们成长的摇篮，是他们追逐梦想、展示才华的平台。他们憧憬在弯小的校园里，能够遇见优秀的老师，结交志同道合的朋友，共同追求真理与美好。他们期待在弯小的教育下，不仅能够学到知识，更能够培养品格、锻炼能力，成为有担当、有情怀的未来之星。

一、老师们对弯小美学堂的憧憬

2024年，心里涌现一个词"改变"。如何让"课程更多选择，学习更多自主，发展更多个性"，为每个孩子的成长提供更多选择的机会和舞台；如何让孩子们走出培训班，走向大自然，让孩子们的课外负担轻起来，找到属于他们这个年龄应该有的快乐；如何把家长变成学生教育的合伙人，凝聚教育共识，树立科学教育观念；如何将小事做到老师和学生的心坎上，教育无小事，细节见本心。希望新的一年，一切都在发生改变，希望每一次小小的改变带来的是越来越有魅力的校园！

和煦的春风，明媚的阳光，伴着这一个个美好的愿景更显温柔。星光不负赶路人，相信所有美好的期许终将实现，所有真心的付出终不会被辜负！

愿我们所有大弯人初心不改，继续温暖携手，共赏春花烂漫！

——成都市青白江区大弯小学 普艺

大弯小学璀璨星，至真至美向未来

大弯小学，这所新兴的学校，在新中国羽翼下茁壮成长的学校。我们既继承先祖的教育理念，又不断开拓创新紧跟时代步伐，最前沿的教育思想和教育技术，在这里你可以得以见证。在这里你会流连于窗明几净、鸟语花香的校园；在这里你会捕捉到小弯豆们一张张灿烂的笑脸；在这里你会痴迷于小弯豆们饱含情感的琅琅书声；在这里你会相逢才华横溢、诲人不倦的老师……"学真知，练真才，求真理，做真人"一直是大弯学子们铭记于心的校训。大弯小学培养出了一批又一批优秀的小弯豆，他们有的躬耕于教书育人的三尺讲台，有的奋战于救死扶伤的医疗前线，有的奔波于市场经济的贸易往来……大弯小学就像一颗璀璨的明珠，在追求"至真、至善、至美"的理念引领下，熠熠生辉于青白江。大弯小学一所未来的学校，欢迎来自五湖四海的朋友。

——成都市青白江区大弯小学 刘兴群

大弯小学，一幅如诗如画的校园美景，散发着馥郁的人文芬芳，教育之卓越，独树一帜。身为这片教育圣地的守护者，我怀着赤诚之心，祈愿大弯小学如同历经沧桑的参天古木，枝叶繁茂，基业长青，繁荣昌盛。孩子们敏锐聪慧，举止高雅，勇敢睿智，他们身上闪耀着无尽希望的未来；而我们教师团队，凭借智慧与卓越，高举知识之明灯，为孩子们照亮追求学问的辉煌征途。在这片孕育梦想的土地上，未来的憧憬绚丽斑斓，宛如诗篇，强烈地召唤着我们每一个人，激发着心中的热忱，为之不懈奋斗。

——成都市青白江区大弯小学 王菲

梦想的航船，未来的港湾

美好在未来的画卷中，我看到了大弯小学如同一艘扬帆远航的船只，在教育的碧波中驶向辉煌。她拥有坚实的船体，由无数教师的辛勤耕耘筑成；她飘扬着鲜艳的旗帜，上面写满了孩子们无尽的梦想与希望。

我憧憬着，在这所校园里，阳光透过绿叶，洒在求知若渴的脸庞上，形成斑驳的光影。在这里，每一朵花儿都在绽放，每一片叶子都在舞动，每一个孩子都在茁壮成长。他们像小小的探险家，勇敢地踏入知识的森林，探寻着世界的奥秘。

我期待着，这所学校如同一座灯塔，照亮孩子们前行的道路，引领他们攀登知识的高峰。在这里，老师们如同灯塔的守护者，用自己的智慧和爱心，为孩子们指引方向，为他们保驾护航。

我梦想着，大弯小学如同一首优美的诗篇，诉说着孩子们童真的故事，记录着他们成长的足迹。在这里，每一个孩子都是诗篇的作者，用勤奋和汗水书写着自己的未来。

总之，我憧憬着大弯小学在未来能够成为一所充满诗意、温馨而富有创新的学校，让每一个孩子在这里收获快乐、成长和希望，让他们的梦想在这里启航，驶向幸福的未来。在这片教育的沃土上，我们将携手共进，书写美好的篇章！

——成都市青白江区大弯小学 林政

时光荏苒，校园里的每一片叶子都见证着学校的成长。今天，我以老师之名，为学校的明天献上最真挚的祝福。

岁月如歌，我们学校的每一栋楼，每一张桌椅，甚至每一块砖石，都似乎在述说着一个又一个温馨的故事。这些故事里，有我们师生共同的欢笑，有汗水，也有泪水。正是这些点点滴滴，汇聚成了学校今日的辉煌。望着校园里那熟悉而又新颖的景象，我的心中充满了对未来的憧憬。

回首过去，我们学校经历了无数次的风雨洗礼，也经历了无数次的蜕变。每一次变化，都离不开我们全体师生的共同努力。

我期望学校能够继续保持这股勃勃生机，继续走在发展的前列。在知识的海洋里，我们师生同舟共济，探索未知，共同成长。期待学校能够在教育的道路上，继续发扬创新精神，不断更新教学方法，培养更多有才华、有担当的新一代。

无论学校未来怎样发展，我们终将保持一颗感恩的心，不忘初心，牢记使命。让我们一起携手，为了学校更美好的明天，共同努力，共同奋斗。让我们的校园，成为每个人心中永远的温馨家园。

——成都市青白江区大弯小学　曾思思

60年来，弯小始终坚守教育初心，砥砺前行，为无数学子点燃了希望的火炬，引领他们走向成功之路。看着弯小走过了60年的风风雨雨，我深感骄傲和自豪。展望未来，我憧憬弯小能够继续秉承"以美育人，一以贯之"的良好教育理念以及优秀的教育传统，不断创新发展，成为更加优秀的教育机构，成为区域内乃至全国知名的教育机构，并以高质量的教育成果影响更多的家庭和孩子。期待弯小能够持续进行教育创新，不断尝试和引入新的教育理念与方法，保持教育的活力和前瞻性。培养学生的全面发展，提升学生学习生活的活力。

我相信，只要我们齐心协力，携手共进，在未来的日子里，通过全体师生的共同努力，这些憧憬有望变为现实，让我们一起携手共绘弯小的蓝图。

——成都市青白江区大弯小学　陈凤明

感恩当下，憧憬未来

教育是百年大计，是民族振兴、社会进步、国家繁盛的重要基石，而作为研究者和推动者的老师，在学校教育中发挥着巨大作用的同时，也需要获取源源不断的"能量"。

老师受聘于学校，书写传道、授业和解惑的苦乐人生，学校是老师赖以生存的"家园"；是老师施展才华的舞台；是老师更上"一层楼"的阶梯。作为一名教育工作者，我对弯小的未来充满了无限的憧憬。

我希望我的"家园"干净整洁、钟灵毓秀，如春风拂面，似春雨淅淅。我希望我的"舞台"宽广敞亮，在燃烧自己照亮莘莘学子的同时，能够放飞理想，实现自己的人生价值。"书山有路勤为径，学海无涯苦作舟"，我希望能拥有让自己不断学习和成长的"阶梯"，让漫长的教育之路开出一片繁花！

——成都市青白江区大弯小学　李娟

岁月为证，奋斗不止

时光荏苒，岁月如梭。我校即将迎来自己的六十华诞，六十年风雨兼程，六十年薪火相传，在这充满荣誉和历史沉淀的校园里，培养了一批又一批的栋梁之材。站在这个历史时刻，作为一名教师，对于弯小未来的发展充满了憧憬和期待。

首先，我期待我们学校能够继续秉持"以美育人，一以贯之"的核心教育理念。在未来发展中，我们应该挖掘学科之美，建构多级课程系统，形成以活动、课程、文化为路径的新体系；还应该跳出传统思维，以课程为载体，五育融合，擦亮品牌，凝聚力量，提炼总结。

其次，我期待我们学校能够紧跟时代的步伐，实现智慧校园全面升级，借助先进的教育技术，比如大数据、人工智能等。通过数据观测平台，教师能更好地分析学生的学习情况，为他们提供更加个性化的服务。同时，我也希望学生能够在这样的教育环境下，充分培养自己的科学素养和创新精神，成为科技时代的领军人物。

最后，在全球化的今天，我期待着我们学校能够与世界各地更多的优秀学校建立合作关系，培养出更多具有社会责任感和国际视野的人才。这样的交流不仅能够拓宽师生的视野，增进对不同文化的了解和尊重，也可以为学校的发展注入新的活力。

在未来的日子里，让我们一起携手同行，为学校的发展贡献我们的智慧和力量。我相信在我们大家的共同努力下，弯小这个大家庭一定能够迎来更加辉煌的未来！

——成都市青白江区大弯小学　叶华英

作为教师，我对学校未来的憧憬充满了期待与热忱。

我憧憬着，未来的学校将成为学生自由探索与成长的摇篮。课堂上，我们能够运用更多元、更生动的教学方式，引领学生探索知识的奥秘。学校将为他们提供丰富多样的课程和活动，鼓励他们大胆尝试、勇于创新，从而发现自我、超越自我。

我憧憬着，未来的学校将更加注重学生的个性化发展。每个学生都是独一无二的，他们有着自己的兴趣、特长和梦想。我希望学校能够为他们提供更多的选择空间，让他们在课程学习、课外活动等方面充分展现自己的才华和潜力。

我憧憬着，未来的学校将是一个师资雄厚、教育资源丰富的殿堂。学校将吸引更多优秀的教育工作者加入，他们将以自己的专业知识和热情，引领学生在知识的海洋中遨游。

作为教师，我将用自己的智慧和热情，为实现这些憧憬而努力。我相信，在我们共同的努力下，未来的学校一定会更加美好、更加辉煌。

——成都市青白江区大弯小学　邓晓晓

我期待大弯小学将继续培养知识的沃土，孕育出更多茁壮成长的幼苗，为孩子们的梦想插上翅膀，让每个孩子都能在这里快乐学习、健康成长。

期待大弯小学在未来继续乘风破浪，为学生开启通往智慧之门的航程。

让我们这支教师团队继续充满激情与爱心，用先进的教育理念和方法，引导学生在知识的海洋中畅游。在丰富多样的课程和活动中，让学生在学术、艺术、体育等各个领域都能得到全面发展。希望学校成为学生快乐成长的摇篮，为他们的未来奠定坚实的基础。

——成都市青白江区大弯小学　罗秀

当我闭上眼睛，想象我们学校未来的样子时，一幅充满活力和创新的画卷在我眼前缓缓展开。这不仅是我个人的憧憬，也是许多教育工作者的共同期待。

首先，我期待着学校的教育资源能够得到进一步的优化。未来的学校，将是一个数字化、信息化的教育平台，各种优质的教育资源得以汇聚和共享。无论是教材、课程，还是教学方法、评价体系，都将与时俱进，满足学生多元化、个性化的学习需求。

其次，校园文化的丰富和国际化程度的提高，也是我对未来学校的期待。一个多元化的校园文化，能够让学生在交流和碰撞中拓宽视野、增长见识。同时，学校还将积极与国际接轨，为学生提供更多的国际交流机会，培养他们的国际视野和跨文化交流能力。

总之，我对学校未来的憧憬是一个充满活力、创新、绿色、开放和包容的教育社区。在这里，每一个学生都能够得到全面而有个性的发展，每一位教师都能够实现自己的教育理想和价值，而整个学校则成为社区和社会发展的重要推动力量。我相信，在我们共同努力下，这个美好的憧憬一定能够成为现实。

——成都市青白江区大弯小学　何雪梅

二、学生对弯小美学堂的憧憬

光阴似箭，岁月如梭。迄今为止，大弯小学已经建校六十周年了，在这期间学校培养出了许多优秀学生。小学是我们成长的摇篮，是知识的海洋，

233

知识的乳汁哺育着我们，让我们在这里茁壮成长。祝愿大弯小学在未来，继续播撒希望的种子在每个孩子的心田，帮助每个孩子收获成功的果实。祝愿您桃李满天下，用知识的光芒照亮每一个孩子的梦想。愿大弯小学变得更加美丽，教育事业更加繁荣。更愿大弯小学正在培养的孩子们都变为更加优秀的学生，培养出更多明日之星！大弯小学已经建校六十周年了，愿大弯小学的学生越来越优秀！

——五年级一班　何紫嫣

　　我希望大弯小学的校园生活更加丰富多彩。祝愿我们能有更多的机会参加各种活动，如运动会、歌唱比赛、手工制作比赛等，让我们在快乐中成长，锻炼身体，培养自己的兴趣爱好。

　　我希望大弯小学能够持续发展，不断进步。祝愿我们的学校越办越好，成为更多学生的温馨家园和成长摇篮。同时，我也希望我和我的同学们在这里度过美好的时光，共同创造无数难忘的回忆。

　　最后，我衷心祝愿大弯小学繁荣昌盛，蒸蒸日上！让我们一起为学校的美好未来努力奋斗！

——五年级八班　郭雨彤

　　在晨曦的温柔里，
　　大弯小学，熠熠生辉。
　　书声琅琅，汇聚成海，
　　梦想起航，乘风破浪。
　　春风化雨，润物无声，
　　园丁辛勤，桃李芬芳。
　　愿你翱翔在知识的蓝天，
　　砥砺前行，勇往直前。
　　愿你承载着希望的光芒，
　　乘风破浪，扬帆远航。

愿你成为那璀璨的星辰，

照亮未来，书写辉煌。

大弯小学，愿你永驻辉煌，

培养英才，谱写新篇章。

——大弯小学2019级2班　陈婧萱

以心向美

在纯真烂漫的童年岁月中，美育的深远影响如明亮而温暖的光，将一直照亮我们心灵。

"每一扇墙壁都会说话，每一处空间都在育人"的大弯小学，是她，擦亮了我们的眼睛，浇灌着我们的心灵百花园，指引我们去看春风喜，看冬雪叹。

陶艺课上，我感受到了泥土在指间流转的变化、软泥从塑形到上色一步步变成形态各异的小动物、小拖鞋、小花朵……在音乐课上，我们感受了琴声悠扬、歌声婉转；美术课上，我们欣赏了《清明上河图》《八骏图》；语文课上，李白苏轼的诗词之美、楷书四大家的一撇一捺让我们沉醉……我们参加了诗歌朗诵、手工制作、舞蹈编排……我们的美学堂，每一期都让我们在快乐互动中领悟美的真谛，每一次都在我们心灵花园中播撒下一颗美的种子。

以美左右为邻，以美点滴为伴。美学堂让我们徜徉在艺术经典之美、生活之美、品格之美的广阔海洋中，以多元化的方式熏陶着我们、滋养着我们。

以美育人，以美冶性，以美淬格。

愿我们的校园至真至善，处处皆美！

——大弯小学2020级2班　廖安若

致敬母校美学堂

和风暖窗，春山可望，所有美好在四月竞相绽放！

在这个充满希望的日子里，我作为爬山虎中队的一名小学生，怀着无比自豪和感激的心情，向母校美学堂致以诚挚的问候和美好的祝福。

母校是光辉灿烂的。数十年来，您致力于追求"至真、至善、至美"的育人价值观，是青白江区小学教育的一扇明窗。我们依偎在你温暖的臂膀中健康成长，不但增长了学识才干，还懂得了做人做事的朴实道理，更练就了善于在生活中发现美、欣赏美和创造美的"独门绝技"。我们所拥有的这一切，都离不开母校的滋养和培育，都离不开老师们的无私奉献和辛勤教导。母校是美丽心灵的驿站，老师是高尚灵魂的灯塔，我们为您热情喝彩！

母校是快乐幸福的。四年来，我们徜徉在您"以美育人，一以贯之"的阳光课堂里，不光感受到了知识的磅礴力量，更体验到了"美学"的勃勃生机。老师用智慧和爱心、毅力和胸怀，培育出了一批批具有求真精神、善良品行、审美素养的现代小公民。扎根在您的沃土中，我们俨然已成长为一群阳光、自信、上进的少年郎。我们热爱祖国和人民，热爱劳动和生活，热爱学习和创造。我们学会了发现美，创造美，播种美。作为您的孩子，我们不禁为您高歌，为您祝福！

今天，我要深情地对母校说："感谢您给予我们的一切，您的谆谆教诲将伴随我们一生！"同时，我也要向亲爱的老师们表达深深的敬仰和感恩之情：是你们用辛勤的汗水浇灌我们茁壮成长，用无私的爱点亮我们的美好未来。

春华秋实结硕果，继往开来谱新篇。愿母校美学堂如参天大树四季常青，似汪洋巨轮行稳致远！

——大弯小学2020级2班　罗轶禔

美，在这里流淌

清晨第一缕阳光，洒在宽敞明亮的教室里，柔和的，暖暖的，像老师们无处不在的爱。在这琅琅读书声中的教室里，有我们渴望知识的望眼欲穿，在学风纯正的校园里，至真楼、读书亭、篮球场都留有我们欢声笑语，操场边的银杏树，更是莘莘学子永不磨灭的记忆。我们在这里快乐的学习，健康的成长，我们在这里收获知识，收获友情与师生情。"乘风破浪终有时，直挂云帆济沧海"，愿我最爱的大弯小学，不忘初心，赓续"以美育人，一以贯之"的教学思想，弘扬"求真向善尚美"的教学理念，共创美好校园环境，锐意进取，让春风化雨、润物无声的大弯精神在川西土地上轻舞飞扬！

——大弯小学2020级2班　林圣哲

扬帆起航正当时，乘风破浪创辉煌

"十年树木，百年树人"，大弯小学，如一棵参天大树，扎根于教育的沃土，秉承"以美育人，一以贯之"的育人理念。校园里，特色美育实践——《美学堂》犹如一抹绚丽的彩虹，为我们的学习之路增添了无尽的色彩，它不仅点亮了我们对艺术的热爱，更拓宽了我们的视野，启发了我们的思考。身为大弯学子，我深感骄傲与自豪，因为在这里，我得以展翅高飞，磨砺个人能力，拓展兴趣爱好，取得长足进步。

扬帆起航正当时，乘风破浪创辉煌。衷心祝愿母校在未来的教育航程中，继续高扬美育人的旗帜，培养更多有审美品位、有思想深度的学生，为社会输送一批批中坚力量。愿学校的校园文化活动如繁星点点，美育评价体系日臻完善，创新课程紧贴学生需求，为学生成长提供坚实支撑。更愿师生携手，共创学术与艺术的辉煌，为学校的发展献上自己的力量，让大弯小学成为一颗璀璨的明珠，照亮教育的未来！

——大弯小学2020级2班　庄与梦

致我亲爱的校园——大弯小学

我爱这座校园——"以美育人，一以贯之"的大弯小学，爱它晨起时教室里琅琅的读书声，爱它课间时操场上朝气蓬勃、肆意挥洒汗水的身影，爱它暮落时玻璃窗外的那一抹碎金般的余晖。这座美学堂是艺术殿堂，是我们追寻美、创造美的乐园。在这里，每一堂课都仿佛是一场美的盛宴，让我沉醉其中，流连忘返。在这里，我被美育的温暖光芒所笼罩，感受着艺术的无穷魅力，享受着成长的幸福与喜悦。我要感谢这座美学堂，是你让我学会了用审美的眼光去观察世界，用创造的心灵去描绘未来。我愿为这座美学堂美好的明天，贡献一份微薄的力量。条条小流，汇成江河，星星之火，可以燎原，一人成树，多人则成林，让我们共同奋斗，为校园的明天，增光添彩！愿我亲爱的母校未来更加璀璨夺目，继续引领莘莘学子探索美的奥秘！

——大弯小学2020级2班　刘思彤

美丽的大弯小学

大弯小学是我们的学校，校园绿树成荫。鸟儿在枝头歌唱，花草在土里生长，整个学园生气勃勃。

教室里，老师们站在讲台上讲课，同学们认真地听着，积极地回答问题；劳动课上，同学们把一团普通的陶泥捏成各种漂亮的物品；运动会上，同学们团结友爱，努力拼搏，在操场上挥洒汗水；图书馆里，书香四溢，同学们安静地看着书，汲取知识。下课了，同学们到校园中散步，看着这所美丽的校园，小池塘静静的，五颜六色的小鱼儿欢快地嬉戏着，池边的小花散发出阵阵芳香，令人心旷神怡。同学们在操场上跳着格子、猜着谜语……整个校园充满着欢声笑语。

大弯小学是我们种下梦想的地方，是我们学习知识的地方，也是我们快乐成长的地方。在大弯小学60周年校庆之际，祝愿我们学校再创佳绩，培养出更多优秀学生，为社会发展做出更大的贡献。

——大弯小学2020级1班　蔡佳希

在我心中，弯小美学堂是一个充满魔力的地方，这里绿树成荫、花香四溢、书声琅琅，每个角落都充满生机和活力。我们在宽敞明亮的教室里上课，在美丽宜人的校园里游戏，在文化浓厚的陶艺室里创作，在妙趣横生的科趣苑里劳动……在学校美育的熏陶下，我们学会了用眼睛发现美、用心灵感受美、用双手创造美。在弯小，每个学生都能找到自己的舞台，每个学生都能享受到学习的乐趣，每一个学生都能得到茁壮的成长。我很荣幸成为弯小美学堂的一员，值此弯小建校六十周年之际，祝福弯小生日快乐！

在此许下我的第一千零一个愿望，祝愿未来的弯小更加美丽、更加辉煌。

——大弯小学2020级1班　代梓妤

饮水应思源　风好正扬帆

时光如白驹过隙，六年时光在不经意间悄然溜走。

记得2018年9月，我初次在清晨中伴着朝阳踏入至美堂——我的母校青白江大弯小学。阳光穿透薄雾洒在宽敞美丽的校园，万木葱笼，书声琅琅……对于那时小小的我一切都是那么的新奇而美好。六年来在这片温润的土地上，老师的谆谆教诲，同学的互帮互助，每一个勤奋的脚步，每一滴辛劳的汗水，每一次热烈的拥抱记录着我们彼此的美好。

毕业在即，校歌犹在耳边，理想的种子早已生根在心田。饮水应思源，风好正扬帆！我们的故事也许会随着时光老去，大弯小学的精神却还在继续——"学真知，练真才，求真理，做真人"大弯小学的校训深深地嵌入了每一个莘莘学子的心间！回首过去，展望未来，历经60载，大弯小学已发展状大到一校三址。在教育的沃土上，我的母校必将更加步代稳健，更加灿烂辉煌！

祝福我的母校——青白江大弯小学在未来的日子里蓬勃发展，桃李满天下！祝福我的母校越来越好，师生们快乐安康！让我们与母校一起向阳而生，拥抱未来！

——大弯小学二〇二四届2班　廖彦博

时光匆匆流转，我们即将告别深爱的大弯小学，踏上全新的人生旅程。回首过去，那些与母校相伴的日子，如同璀璨的星辰，点亮了我们成长的天空。回顾这六年的学习历程，我们的每一点知识都是您的心血和汗水凝聚起来；我们的每一点成绩，都是您帮助和教诲的结果。六年前我还是一个懵懂天真的小孩，是您将我培育到了现在心智成熟的少年。

展望未来，我们满怀信心与憧憬。我们相信，大弯小学将继续以美育人，培养更多优秀学子，成为更多孩子们追求梦想、实现理想的摇篮。

衷心感谢母校的辛勤栽培和无私奉献。祝愿母校在未来的日子里，不断书写新的辉煌篇章，为祖国的教育事业贡献更多的力量。祝愿每一个从这里走出去的学生都能带着母校的教诲，勇往直前，创造更加美好的未来！

——大弯小学二〇二四届2班　温欣妍

时光匆匆如白驹过隙，六个春夏秋冬转瞬即逝，已接近尾声。六年的时间为何会如此短暂？为什么终有一天要和朝夕相伴的同学、和蔼可亲的老师、润物无声的您分别？运动会上的我们团结奋进、努力拼搏、屡创佳绩；课堂上的我们全神贯注、认真学习、积极思考，下课后我们嬉戏玩耍，欢声笑语回荡在教室和走廊。那曾经一个个在教室在操场在课堂在课间出现的美好瞬间，都让我难以忘却！

我们一群天真可爱的顽皮稚童，从第一次背着书包踏进小学校园，转瞬间即将走进中学的校园里，我们即将成长为一个个朝气蓬勃，意气风发的少年。在这六年的学习时光中，我们师生的欢笑与泪水绘制出专属于我们的多姿多彩的童年画卷！像鸟儿总得学会飞翔，像秋叶总归飘离大树，像蒲公英的种子终将独自生长，我们也即将告别母校，追逐梦想，奔赴人生新的战场。人们常说您是教书育人的地方，于我这里是家，是暖暖的家、温馨的家，是踏实安全的家，是让我恋恋不舍的家。

您教导我为中华崛起而读书，为民族的富强而努力，少年强则中国强，我们一定牢记嘱托，奋发学习！待到山花烂漫时，不负春光不负卿！

祝愿母校：英才辈出，桃李天下，灿烂辉煌！

——大弯小学2020级2班　刘家妮

大弯小学是欢乐与梦想的起点，我们都能在这里快乐玩耍，认真学习，勇敢追求梦想，实现人生目标。

——大弯小学2021级2班　蔡顺然

三、家长对弯小的憧憬

小学对孩子来说是重要的成长阶段，而大弯小学优美的校园环境、丰富的文化氛围、积极的教育理念，让踏入校园的孩子们感受到了爱与关怀，这正是家长们期望与信任的学校。展望未来，希望大弯小学能成为更多学子的摇篮，继续书写属于你们的精彩篇章，愿你桃李满天下，教育之花永灿烂！

——大弯小学2021级2班　李秉骏家长

弯小，已经在师生和家长们的心中生根发芽。我们憧憬着未来的弯小，能够成为我们共同成长、共同进步的乐园。让我们携手并进，共同书写弯小美好的教育篇章！